JN254793

元号が変わると恐慌と戦争がやってくる!?

Will the next Era affect
Japan's economy and
national security ?

浅井隆

第二海援隊

プロローグ

新元号と恐慌および戦争の因縁⁉

今上《きんじょう》天皇が退位され、現在の皇太子殿下が早ければ二〇一八年末に、遅くとも二〇一九年三月に即位することが有力であるという。それを聞いた瞬間、私の脳裏にある恐ろしい予感が走った。翌年の二〇二〇年に「恐慌」がやってくると。そしてその後しばらくして、「戦争」もやってくると。

実は、あのバブル崩壊（＝平成恐慌）は一九九〇年二月の株の暴落をキッカケとして発生しているが、その前年の一九八九年一月に昭和天皇が崩御され、元号が変わっている。では、その前はどうか。あの太平洋戦争の遠因となった昭和恐慌は実は昭和二年に発生しており、大正天皇が崩御され元号が変わった実に翌年のことだ。では、その前の歴史上の事実はどうか……。詳しくは後の章に譲るが、まったく信じがたいことだが明治維新以降、天皇が変わり元号が新しいものに変わった翌年に必ず日本経済に変調が訪れ、「恐慌」に襲われている

直近の改元時も!?

	大正→昭和	昭和→平成
改元	1926（昭和元）年	1989（平成元）年
恐慌スタート	↓翌年 1927（昭和2）年 **昭和恐慌**	↓翌年 1990（平成2）年 **バブル崩壊**

改元（元号変更）と戦争の関係

慶応 ➡ 明治

その前後に**戊辰戦争**と
10年後に**西南戦争**

明治 ➡ 大正

その数年後に**第一次世界大戦**

大正 ➡ 昭和

その直後から軍の台頭により戦争の序曲へ。
やがて**日中戦争〜太平洋戦争**
にまで拡大

昭和 ➡ 平成

その2年後に**イラク戦争**

平成 ➡ ■■

？

のだ。そして、その後しばらくして巨大な戦争が人々を襲っている。

そんな馬鹿な⁉ と思われた読者も多いはずだ。天皇家と日本経済および世界情勢には本当にどのような関係があるのか。これは単なる迷信か？ あるいは世紀の大発見か？

ところで、それとはまったく関係のない世界経済全体のトレンドだけを注意深く見ても、二〇二〇年頃に世界大恐慌がやってきそうなことがわかる。となれば、日本経済の恐慌突入も必至だ。それは、リーマン・ショック時の状況を見れば誰にもわかることだ。

二〇二〇年は、日本人にとって忘れ難い年になるかもしれない。

恐慌と戦争のダブル襲来⁉

それに備え、生き残るための必読書として本書は書かれた。この内容をもとに皆様の命の次に大切な財産を守り抜いていただきたい。

二〇一七年一〇月吉日

浅井　隆

元号が変わると恐慌と戦争がやってくる!?――――目次

第二章　元号が変わると恐慌がやってくる

第三章　バブルの世界史

第四章　元号が変わると戦争がやってくる

第五章　改元時大変動を生き残るために

エピローグ

※注　本書では為替は一ドル＝一一三円で計算しました。

第一章

一九八九年〜一九九〇年に何が起こったのか？

激動の年に浮かれたニッポンを振り返る

一九八九年（＝昭和六四年＝平成元年）を生きてきた人なら、うっすらと覚えていることであろう。あの年が、いかに激動であったかを。

「一九八九年のイメージは？」と質問されたら、恐らく大概の人は次のいずれかを挙げることだろう――昭和天皇の崩御（改元）、ベルリンの壁の崩壊（冷戦の終結）、過去最高値に達した株価（株式・地価バブル）……。実際一九八九年がいかに激動であったかは、年表を振り返るとすぐに判明する。

一九八九年は一月七日に昭和天皇が崩御されたことから幕を開け、翌月には昭和を代表した漫画家の手塚治虫が亡くなり、直後には自民党の大物政治家を巻き込んだ「リクルート事件」が発生している。四月一日から日本で初めて消費税（三％）が導入され、四月二七日には松下幸之助が亡くなった。六月に入るとスキャンダルに巻き込まれた竹下登内閣が総辞職、その二日後には北京で中国共産党が民主化を求めた学生たちを弾圧するという「天安門事件」が起こっている。そして、六月二四日には国民的歌手の美空ひばりがこの世を去った。

この間、日本の政治はリクルート事件をきっかけとして極度の混乱を来たしていたのだが、世はバブルの真っ只中である。混乱する政治とは裏腹に、好景気に沸いた世間は浮かれていた。九月にはソニーが米国の映画会社コロンビア・ピクチャーズを買収、一〇月には三菱地所が米ロックフェラーセンターを買収している。これらの買収は、バブルを象徴する出来事だ。この時点では、翌年にバブルが崩壊するとは、誰一人として夢にも思わなかったであろう。

そして一一月九日に起きたベルリンの壁の崩壊で、日本人の高揚感は頂点に達した。そう、「これからの世界は完全に資本（民主）主義で染まり、その中でも日本が中心的な存在になる」と。その高揚感を象徴するかのごとく、一二月二九日の東証大納会では日経平均株価が過去最高値の三万八九五七円を付けた。

そして高揚感に包まれたまま、一九八九年は幕を閉じている。

昭和天皇の崩御

一九八九年をより詳しく振り返りたい。やはり、まず取り上げたいのは日本人の心に深く刻まれた昭和天皇の崩御だ。

昭和天皇が崩御されたのは昭和六四年の一月七日であるが、天皇陛下の容体悪化は昭和六二年頃から顕著になり、メディアがたびたび報じるようになる。同年八月には「腸閉塞」（後に慢性すい臓炎と発表された）の診断が下され、九月には歴代天皇では初めて開腹手術を受けられた。しかし、同年一二月には公務に復帰されたため、国民は安堵したものである。

だが、昭和六三年に入ると体重がさらに激減するなど容態が悪化した。そして九月一九日に大量に吐血され救急車が出動、輸血が行なわれている。これをメディアが「天皇陛下、ご重態」と大きく報じた。すると、日本国内では「自粛」が始まる。

二〇一一年の東日本大震災の直後を思い出して欲しい。あの時は民放のテレビCMがほぼすべて「ACジャパン」に切り替わった。原発の問題から節電する動きが広がり、多くのイベントが中止または延期されたことは記憶に新しいだろう。しかし、東日本大震災の時に自粛ムードが広がったのは基本的に関東以北であった。「消費を盛り上げて東日本を応援しよう」という思いから、西日本ではそこまで自粛ムードが広がらなかったのである。

昭和天皇の闘病中は違った。日本全体に自粛ムードが広がったのである。以下に具体的な例を挙げたい。

・昭和六三年の忘年会、昭和六四年の新年会の自粛。同時期の飲食店の予約が前年に比べておよそ九割減したとされる。
・テレビ番組、テレビCMにおける派手な演出などの差し替え。
・花火大会、祭、学園祭（体育祭）などの中止および規模の縮小。
・年賀状での「賀」「寿」「おめでとう」など賀詞の使用を自粛。一九四九年に年賀状の販売が始まって以来、初めて売れ残りを記録した。

「1989年」

8月	9日	宮﨑勤、連続幼女誘拐殺人事件を自供
	10日	第1次海部俊樹内閣発足
	26日	秋篠宮文仁親王、紀子様(旧姓 川嶋)と婚約を公表
9月	22日	大相撲秋場所で千代の富士が最多勝記録(965勝)
	27日	ソニーが米コロンビア映画を買収
	28日	TBSテレビ「ザ・ベストテン」放送終了
10月	17日	サンフランシスコでM6.9の巨大地震発生
	29日	巨人、近鉄に勝利し日本シリーズを制す
	31日	三菱地所が米ロックフェラーセンターを買収
11月	4日	オウム真理教による坂本堤弁護士一家殺害事件発生
	6日	松田優作死去(享年40)
	9日	ベルリンの壁崩壊
	21日	日本労働組合総連合会(連合)発足
12月	3日	ブッシュ大統領・ゴルバチョフ最高会議議長によるマルタ会談、**冷戦終結宣言**
	9日	開高健死去(享年58)
	20日	米軍パナマ侵攻
	29日	東証大納会で日経平均が史上最高の3万8957円44銭に(翌年から下落し、**バブルは崩壊へ**)

(写真提供:dpa/時事通信フォト)

激動の

1月	7日	**昭和天皇崩御** **（1988年9月19日に吐血、重体に。享年87）**
	8日	**平成に改元**
2月	9日	手塚治虫死去（享年60）
	13日	リクルート事件で 江副浩正会長逮捕
	24日	昭和天皇、大喪の礼
3月	29日	女子高生コンクリート詰め殺人事件発覚
4月	1日	**3%消費税導入**
	4日	NHK池田芳蔵会長辞任、島桂次副会長が会長に昇格
	21日	任天堂「ゲームボーイ」発売
	27日	松下幸之助死去（享年94）
6月	2日	竹下登内閣総辞職
	3日	宇野宗佑内閣発足
	4日	**天安門事件** 武力弾圧開始
	24日	美空ひばり死去（享年52）
7月	23日	第15回参院選で自民大敗、 宇野総理辞意表明（在任69日間）

（写真提供:上下ともAFP=時事）

この他、結婚式を自粛するカップルが続出したり、プロ野球のビールかけなども自粛された。私も、ありとあらゆる百貨店や観光地などで閑古鳥が鳴いていたのを覚えている。若い人は知らなくて当然だが、当時の日本にはそれほどまでに自粛ムードが広がっていたのだ。

そして日本は、昭和天皇が崩御された昭和六四年一月七日を迎える。七日午前六時三三分に天皇が崩御されると、その約一時間二〇分後に小渕恵三官房長官（当時）が国民に向けて発表、企業と国民に向けて「哀悼の意」を表するよう要望し、証券取引や大相撲などが中止された。午後になると新たな元号である「平成」が発表され、翌八日から施行されたのである。

余談ではあるが、崩御された直後は当然のごとくメディアの報道がそれ一色となり、子供たちが親を連れてレンタル・ビデオ店に殺到するという珍事まで起こった。また、新たな元号の「平成」は、「修文」と「正化」という別案も含めた候補の中から選出されている。

このように、平成は自粛ムード一色から幕を開けた。しかし当時の新聞を振り返ると、天皇の崩御から一週間ほどで世間のムードは日常を取り戻している。

五五年体制の終焉

昭和天皇が崩御された後に待ち受けていたのは、政治の混乱だ。多くの政治ジャーナリストは、一九八九年こそが五五年体制（一九五五年に成立した二大政党制の構図。同年から与党第一党を自由民主党が占め、野党第一党は日本社会党が占めるという構図が長期にわたって続いてきた）の終焉が始まった年として総括している。

それまで長らく続いてきた五五年体制は、保守（自民党）と革新（社会党）の勢力比率がちょうど「社会党への政権交代が起きない一方、自民党は改憲できない」というバランスであった。しかし一九八九年にリクルート事件に端を発した政治不信により、自民党は中長期的な凋落の道を辿ることになる。社会党はその時点ですでに凋落していたため、一九八九年以降は多くの政党が乱立することとなった。

戦後最大の政治スキャンダルと呼ばれたリクルート事件（リクルートの関連会社であり未上場のリクルート・コスモス社の未公開株が賄賂として政治家や官僚に譲渡された事件。贈賄・収賄側のどちらも逮捕されるに至った）は一九八八年に発覚したのだが、それを受けて一九八九年六月に竹下登内閣が総辞職。続く宇野宗佑内閣が六九日しか持たず、国民の政治不信は頂点に達した。

ちなみに、宇野総理（当時）が退陣に追い込まれたきっかけは女性スキャンダルである。宇野氏が総理になった途端、愛人であった芸者が「宇野総理と愛人になったいきさつ」をサンデー毎日の誌上で暴露したのだ。暴露のきっかけは、宇野氏が手切れ金（実質的な慰謝料）をろくに払わなかったことにある。宇野氏は非常にケチな人物であったそうで、三〇万円ほどしか手切れ金を払わなかったようだ。そのため、国民は愛人を作ったという事実に加え「首相がケチ」という点に嫌気が差したのである。

政治ジャーナリストの田原総一郎氏は当時をこう振り返った——「神楽坂の

芸者への手切れ金に、三〇〇万円くらい払わなきゃいけないところを、三〇万円しか出さなかった。遊び方を知らなかったんだな」（週刊現代二〇一五年八月一五・二二日合併号）。要するに、一九八九年頃はいわゆる〝小物〟の政治家が増えてきた時代なのである。遊びを知っている政治家が良いということではまったくないが、この頃の政治家には戦争を経験せず豊かな時代を育った人たちが多数を占めるようになってきた。かつての政治家が持っていたような〝凄み〟が失われ始めたのである。

さらに、この宇野総理はG7サミットに参加した際、イギリスのマーガレット・サッチャー首相（当時）に握手を拒否された。理由は当然のごとく愛人スキャンダルにあるのだが、日本の女性も多分に首相を嫌った。私が思うに、この頃を境に日本の政治家は国民から尊敬されなくなって行った。その風潮は現代でも続いているばかりか、時を追うごとによりひどくなってきている。

しかし、この当時は政治の混乱など「どうでもよい」という雰囲気が蔓延していた。なぜなら、日本国民は「空前の好景気」を謳歌していたからである。

世界が注目した「ジャパン・アセット・バブル」

「バブルがいつ崩壊するか予測するのは誰にもできない。ただ、過去のバブルは例外なく弾けている」——二〇世紀における経済学の巨人と称された米国の経済学者ジョン・ケネス・ガルブレイスは、こう言い残した。もちろん、当時は「バブル景気」という言葉などは存在せず、後に好景気が崩れ去るとは夢にも思わず、一九八九年を生きていた日本人も空前の好景気を謳歌していた。

ところで、バブル景気は一九八九年に突如として降って沸いてきたわけではない。ちゃんと伏線がある。

一般的に日本のバブルは、一九八六年一二月から一九九〇年三月（景気動向指数でみる景気循環では一九九一年二月）までに起きた資産価格の高騰を指す。ただし、多くの人が好景気を実感したのは一九八八年頃からで、バブル崩壊以降も一九九二年くらいまではバブルの雰囲気が残っていた。

一九八六年（昭和六一年）から一九八九年（昭和六四年＝平成元年）までに日本の地価上昇率は年間二〇％以上を維持し、一九八五年（昭和六〇年）から一九九一年（平成三年）までに日本の六大都市の地価指数は、平均して二倍以上にまで高まっている。

では、バブルはなぜ生じたのか？　第一の理由は、円高不況対策にある。対策を講じることとなった直接的なきっかけは、一九八五年の「プラザ合意」（日米英仏独の五ヵ国の蔵相と中央銀行総裁が日本の巨額貿易黒字削減のために協調為替介入を通じ、円高誘導することで極秘合意した会合）だ。

一九八五年のプラザ合意後の時点で一ドル＝二四〇円前後だった為替相場は、一年後の一九八六年には一ドル＝一六〇円台にまで急伸、一九八八年には一三〇円台を突破、一二〇円台にまで接近している。およそ三年間で日本円は五〇％以上の上昇を記録したことにより、円高不況が到来した。

当時は、現在よりも日本のＧＤＰ（国内総生産）に占める製造業比率が格段に高かったため、円高が経済全体に与えるダメージが現在よりも大きく、東京や大阪では倒産する町工場が続出している。製造業の海外進出（脱出）もこの頃を境に本格化した。

深刻な円高不況を受けて、日本銀行は長期におよぶ低金利政策を余儀なくされる。プラザ合意の翌年（一九八六年）に日銀は連続四回にわたって公定歩合（基準金利）を引き下げ、金利は五％から一九八七年には戦後最低の二・五％にまで下がった。これが一九八九年五月まで続いたのである。

このようにして、潤沢に供給された低金利マネーが株式や不動産などの資産市場に流入した、というのがバブルの基本的な構図だ。

また、当時の中曽根内閣（一九八二年一一月〜一九八七年一一月）が米国のロナルド・レーガン政権（当時）から内需拡大を要請されたこともバブルの形成に寄与している。簡単に言うと、レーガン大統領は日本に対して「対米輸出ではなく内需で成長しろ」と迫ったわけだ。米国から圧力を受けた中曽根総理は、「公共事業拡大」や「法人税・所得税の引き下げ」（中曽根税制改革）といった内需拡大政策を実施、さらには国有地の払い下げなどで好景気を演出している。

時を同じくして、企業の資金調達方法が「間接金融」（銀行融資）から「直接金融」（株式発行）に変遷して行ったことも一般人をも巻き込んだ財テク（財務テクノロジー）ブームのきっかけを作った。現に、この頃の主要全国紙は一様に株式欄を拡大させており、投資関係誌も相次いで創刊、巷では金融商品評論家などが出現し、マスコミなどで法人や個人の投資をあおったのである。

こうしたことを背景に、一九八七年頃から日本では投機ブームは本格的に熱を帯びるようになった。

まずは株式バブルだが、政府が売りだした「ＮＴＴ株」などが庶民も巻き込んで社会現象化したことを覚えている人も多いだろう。「株の売却益でフェラーリなどの高級外車を買った」という成金の自慢話が週刊誌などのメディアを賑わせた。日本株の勢いはすさまじく、一九八七年のブラックマンデー（米国発世界同時株安）も難なく乗り越えている。この時のニューヨーク・ダウ平均株価の下落幅は二二・六％と、大恐慌のトリガーとなった一九二九年のブラックサーズデー（暗黒の木曜日）の一二・八％を上回ったのだが、日銀が金融緩和を強化したため日本株はおよそ半年後に最高値を更新した。

日本株が世界に先駆けて最高値を更新したことに世界中の金融関係者は驚愕、このことが日本の「株神話」を不動のものにしたと言える。そして一九八九年一二月二九日、株価はついに最高値の三万八九一五円（終値）を付けた。

一方、土地（不動産）への投機熱は株式のそれ以上に熱狂していたと言える。先に述べたが、低金利の常態化と国有地の払い下げなどをきっかけとして一九八〇年代後半にかけて土地ブームが熱を帯びて行った。特に国鉄が民営化されJRとなったことにより、国有地であった駅前の一等地が売りだされたため、多くの資産家がこれに飛びついたのである。

結果として、マンションや土地の転売により数億円もの大金を稼ぐ、「土地ころがし」なるものが多く誕生したものだ。今となっては信じられないかもしれないが、ほぼ一夜にして持っていたマンションの価格が倍で売れたという話も残っている。「地上げ」や「住宅すごろく」（地価が半永久的に上昇することを前提とし、若いうちに小さいながらもマンションを取得すれば、買い換えて行くとそのうち希望の住宅を手に入れられるという住宅取得モデル）といった単語が、雑誌の誌面に登場するようになった。

バブルのピーク時には『東京二三区の地価を合計すれば、米国全土を買える』とさえ言われたものである。実際、一九九〇年の日本の地価資産総額は同年のＧＤＰの三・六九倍にまで膨らんだ。それゆえ「土地に対する需要がある限り、この好景気は終わらない」という俗説まで登場し、終いには「企業価値は事業収益でなく保有土地資産の合計であり、その価格に株式時価総額が達するまで株価は上がり続ける」といった意味不明な理論まで登場している。

二〇一六年一〇月一六日付のダイヤモンド・オンラインに、不動産価格に関する当時（一九八九年一二月時点）の新聞広告の内容が紹介されていたので引用したい（カッコ内は二〇一六年時点の価格）。

・東急東横線祐天寺駅徒歩三分、六四・二八平米～一三一・九六平米

のマンションが一億四〇七〇万円～三億五四〇九万円（現在六〇〇〇万円強：以下、現在価格は各不動産サイトによる）

・JR中央線武蔵境駅徒歩一四分、八六・五四平米が九四五四万円（現在四〇〇〇万円弱）

・東京メトロ（当時は営団地下鉄）六本木徒歩一一分、一一一・一三平米のマンションが八億五二六〇万円、一六五・八〇平米が一四億七一七五万円（現在二億五〇〇〇万円前後）

・東京目蒲線（当時）鵜の木駅徒歩五分、八四・四一～一二五・七四平米のマンションが最多価格帯一億二〇〇〇万円。分譲価格最高値は約七億円、販売の申込倍率は最高で三〇〇倍に達して話題となった。（現在六〇〇〇万円前後）

・東京東横線中目黒駅徒歩七分、八七・九四平米のデザイナーズマンションが二億三〇〇〇万円（現在七〇〇〇万円前後）

（ダイヤモンド・オンライン 二〇一六年一〇月一六日付）

現在の水準からすると、あまりに高過ぎる。記事の執筆者でありノンフィクションライターの和泉虎太郎氏は、「値段が高騰し過ぎて買えるレベルではなくなったからか、それとも広告の必要もないのか、新聞には都内の広告物件は意外に少なく、札幌、福岡、京都など地方都市やリゾートマンション、ゴルフ会員権の広告が幅を利かせている」（同前）と指摘、それらの広告を紹介した。

・上越新幹線越後湯沢駅徒歩一分のリゾートマンション、六四・二三平米が四九四三万円（現在は八〇〇万円前後）、一四四・四六平米が一億三七七五万円（現在は二〇〇〇万円程度）

・越後湯沢近辺のスキー場隣接地に建てられた物件の場合、二八・一二平米～八六・四〇平米で一一七〇万円～四四三〇万円で売り出されていた（現在は九〇～三二〇万円）（同前）

地方のリゾート地の物件価格は、現在のおよそ一〇倍にまで膨らんでいたと

いうわけだ。現在から振り返ると、正気の沙汰とは思えないが、当時の人たちは「地価が下がるわけない」と本気で信じ、熱狂していたのである。

昨今の中国企業ではないが、一九八〇年代後半には円高を武器にした日本企業による海外資産の買収も相次いだ。前述したように、一九八九年の九月と一〇月にはソニーがコロンビア・ピクチャーズを買収し、三菱地所がロックフェラーセンターを買収している。そして、米誌『フォーチュン』の一九九〇年一月一日号は、「今年の最も魅力的な経済人二五人」にコロンビア映画を買収したソニーの盛田昭夫氏を選出した。また、「ロサンゼルスで日本企業の本社ビルを占拠した犯行グループの狙いは金庫にある巨額のマネー」というストーリーの映画「ダイ・ハード」が、一九八九年に日本でも大ヒットを記録している。

これらのことがきっかけで、米国をはじめ世界中で「日本脅威論」なるものが形成されるに至った。

ソロモン・ブラザーズの暗躍

一九八〇年代の後半、それも日本株が一九八七年のブラックマンデーを乗り越えて最高値を更新したくらいから、世界中で「日本脅威論」が高まり始めた。日本経済は向かうところ敵なしであり、米国人をはじめ世界中の人々が次のように確信したのである――「日本は米国を抜いて世界一の座につく」と。

しかし、一人の偉大な予言者が現れた。元米国国務次官補のフィリップ・トレザイスという人物である。一九四六年に米国務省に入省した彼は極東の調査を任され、それ以降、日本と深い関係も持つようになった。一九七〇～一九七一年の日米繊維交渉や日米通商経済交渉にも参与している。日本経済を熟知している彼は、日本脅威論が席巻する中『日本は敵か』と題した論文を発表し、「三〇年後の日本では六五歳以上の老齢人口が全人口の四分の一に達するため経済のダイナミズムが失われる」と日本の衰退を予言したのであった。これは、当時としては衝撃的な予測と言わざるを得ない。結果はご存知の通りである。日本人はそんな論文が発表されたことなど知る由もなく、もはや完全に浮かれていた。一九八九年一一月には日本人がフェラーリを一〇〇〇万英ポンド（約二二億七〇〇〇万円）という史上最高値で落札。このニュースは、日本のメディアだけでなく欧米で大々的に報じられた。

「ジェット機で言うと、一万メートルぐらいまで上がって巡航速度に入り、当分降りない。モスクワまで行くのかロンドンまで行くのかわからないが、雲も見えないし揺れもないし順調に行く」――これは一九八九年一二月中旬に発売された週刊エコノミスト（臨時増刊号）の識者による座談会で日本興業銀行の副頭取であった黒沢洋氏が語ったものだ。また、同じ席で二〇〇三年から日銀総裁となる福井俊彦氏（この当時は日銀理事）も次のように日本経済の見通しを語っている――「一言でいえば、景気は引き続き絶好調を維持している。しかも世界から要請された内需主導型というパターンを崩さないで、いい状況を維持しているということだろう。いい状態を続けている根底にあるものは、日本の経済体質が非常に強くなったということだと思う」（同前）。

そう、著名な識者たちですらバブルを察知できなかったのだ。しかし、賢者はいるものである。時を同じくして、米国では不気味な動きが生じていた。

この年の一一月、ソロモン・ブラザーズという米大手投資銀行が米国全土で「プット・ワラント」というデリバティブ（金融派生商品）を販売し始めたのだが、この商品の特徴はこうであった――「日経平均株価が暴落すれば多大な利益が出る」。当時、日経平均株価はベルリンの壁崩壊（冷戦の終結）という明るいニュースを背景にさらなる上昇を記録しており、前述したように先行きに関しても国内外問わず楽観論が大勢を占めていた。「日経平均は一〇万円に達する」といった言説まで飛び交っていたほどである。

普通に考えれば、この状況下で日経平均の暴落に賭ける金融商品に飛びつく輩など存在しないはずだ。しかし、ソロモン・ブラザーズは現在でこそ破綻しているが、当時は債券アービトラージ（裁定取引＝金利や価格差を利用して売買し利ザヤを稼ぐ取引手法）で莫大な収益を上げていたこともあり、米ウォールストリート・ジャーナルから「ウォール街の帝王」といった異名を書きたてられるほどの存在だったのである。

彼らは「(当時からして)六〇年前のブラックサーズデー(世界恐慌)同様の利益をもたらす」といったキャッチフレーズを用い、機関投資家を積極的に勧誘した。実際、多くの機関投資家がこの金融商品を購入している。

日本の株式市場を明確にバブルと見抜いていたソロモン・ブラザーズの狙いは、トリプル安(株安・円安・債券安)によるバブル崩壊。すなわち、バブル崩壊で莫大な利益を上げようというわけだ。

そして一二月、ソロモン・ブラザーズは一世一代の大勝負に出る。この時日経平均株価には先高感が強まっており、市場は先物高/現物安という展開であった。先物と現物のスプレッド(差)は一〇〇〇円以上で、その価格差に目を付けたソロモン・ブラザーズは一九〇〇億円を拠出して現物買い/先物売りという裁定取引を実施。そして日経平均株価はさらに膨らんだ。前述したように、一九八九年(平成元年)一二月二九日には最高値の三万八九一五円(終値)

1980年代の終わりには日経平均株価は約4万円に

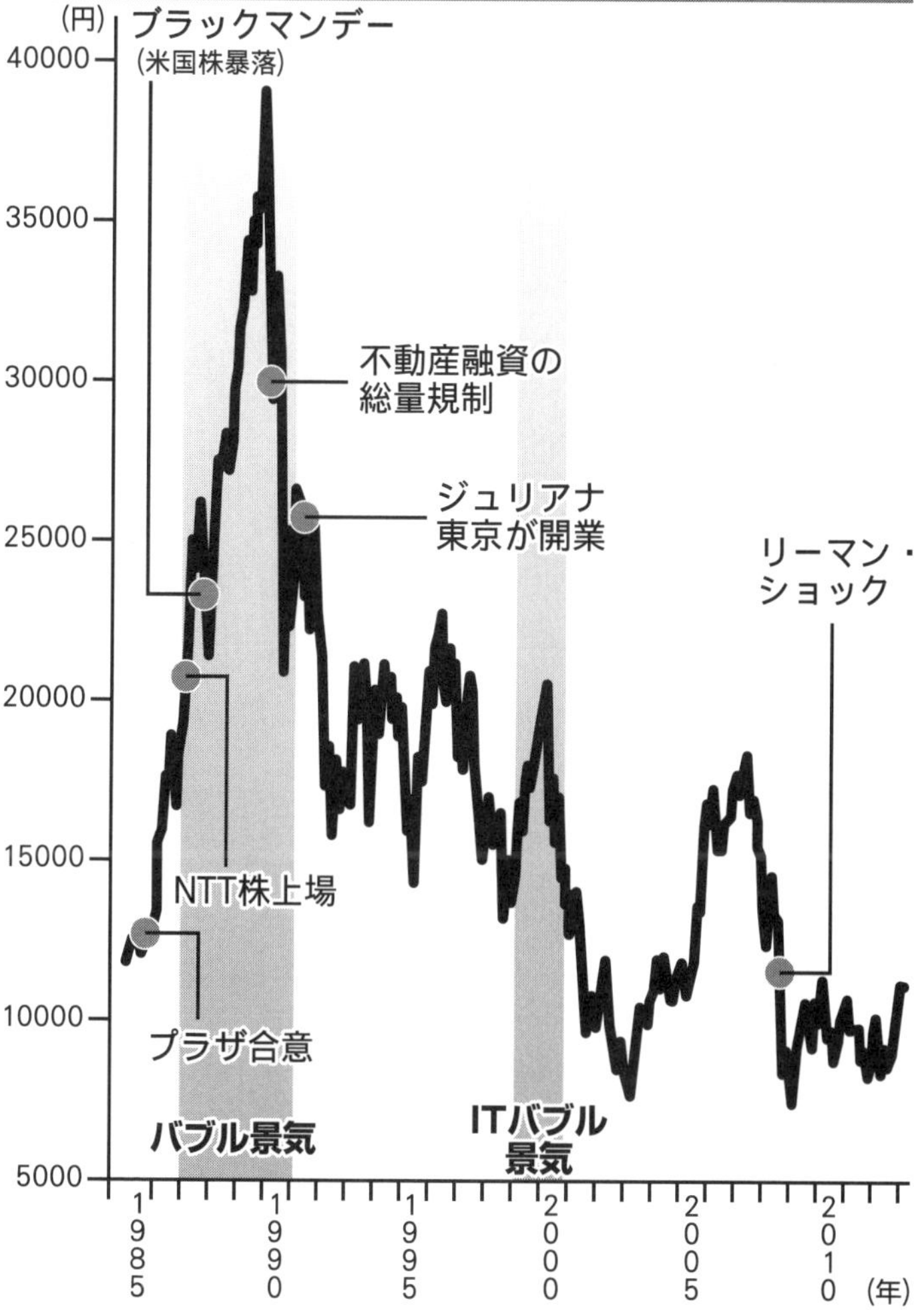

日本経済新聞のデータを基に作成

を付けている。

一九九〇年（平成二年）一月二日、米ウォール街で信じられない動きが生じた。日本とは逆に為替が突如として円安に向かったのである。現在と違って当時は円高と株高に強い相関性があったので、米国人投資家の円売りによって日経平均株価は年初からジリ安の展開を迎えた。

もちろん、ほとんどの日本人はそんなこと気にも留めない。下落などあくまでも一時的なものであり、すぐに上昇に転じると楽観していた。

しかし、ソロモン・ブラザーズのトレーダーらは年初の下落がバブル崩壊の兆候だと確信し、日本株の暴落局面に照準を合わせ大量のプット・オプション（ある日時に、ある価格で株を売る権利）を購入する。さらに、一月一一日には日本国債の入札に参加しておよそ六〇〇〇億円分の国債を買った。後に投げ売るためである。

一月一六日、ソロモン・ブラザーズは購入した日本国債をすべて売った。当然、金利上昇によって株価は大幅に下落する。これで流れが変わった。そして二月二六日に日経平均先物がストップ安となったことをきっかけに、ソロモン・ブラザーズは裁定取引を解消、現物を売り払ったのである。

ソロモン・ブラザーズが仕掛けた大量の現物売りに市場は動揺した。実際、この日はたった一日で一五六九円もの暴落を記録。すると、それまで強気一色だった市場に先安感が漂い始め、株価はその後も継続的に下落して行った。一九九〇年（平成二年）一〇月には、二万円台を割り込んだ。最高値から五〇％ほどの下落である。この頃になると市場にはすっかり弱気派が台頭、同年一一月五日付の週刊エコノミストによる匿名座談会では「家庭の主婦や学生の同好会が株を買うようになったら、おしまいなんだ。こんな連中が買ったら、次に買う人はもういない」といった一年前にはおよそ考えられないような発言が並んだ。こうして株価バブルは崩れ去ったのである。

不動産価格も株価に続いた。大蔵省（当時）は一九九〇年三月に不動産関連の融資を規制する総量規制を金融機関に通達。これをきっかけに不動産価格はピークを打ち、そこから二十数年間にわたり一直線の下落を続けた。

株価や地価が一九九〇年一～三月を起点として下落に転じたとはいえ、先にも述べたように一九九二年くらいまではバブルの雰囲気が多分に漂っていた。たとえば、バブルの代表的なイメージの一つに六本木のディスコ「ジュリアナ東京」があるが、あのディスコがオープンしたのは一九九二年のことだ。「土地投機に手を貸すようなことをやるべきではない」（週刊エコノミスト一九九〇年二月）と金融機関をたしなめた三重野康日銀総裁（当時）を含め、ほとんどの人がまさか「失われた二〇年」などという苦境を経験することになろうとは想像すらしていなかったのである。

しかし、日本経済に残された莫大な不良債権が金融機関を蝕み、一九九七年の金融危機につながる。また、二〇〇〇年までに破産した建設会社は六二一四社に達し、バブル崩壊後に破産した会社の三分の一を占めた。バブル時に日本企業が海外で購入した不動産も、そのほとんどが転売を余儀なくされている。

日本脅威論など一瞬にして息を潜めた。今では英エコノミスト誌は、少子高齢化（人口減少）と公的債務に悩む「日本は世界で最も悲惨な二〇五〇年を迎

日本の不動産価格（1971年～2015年）

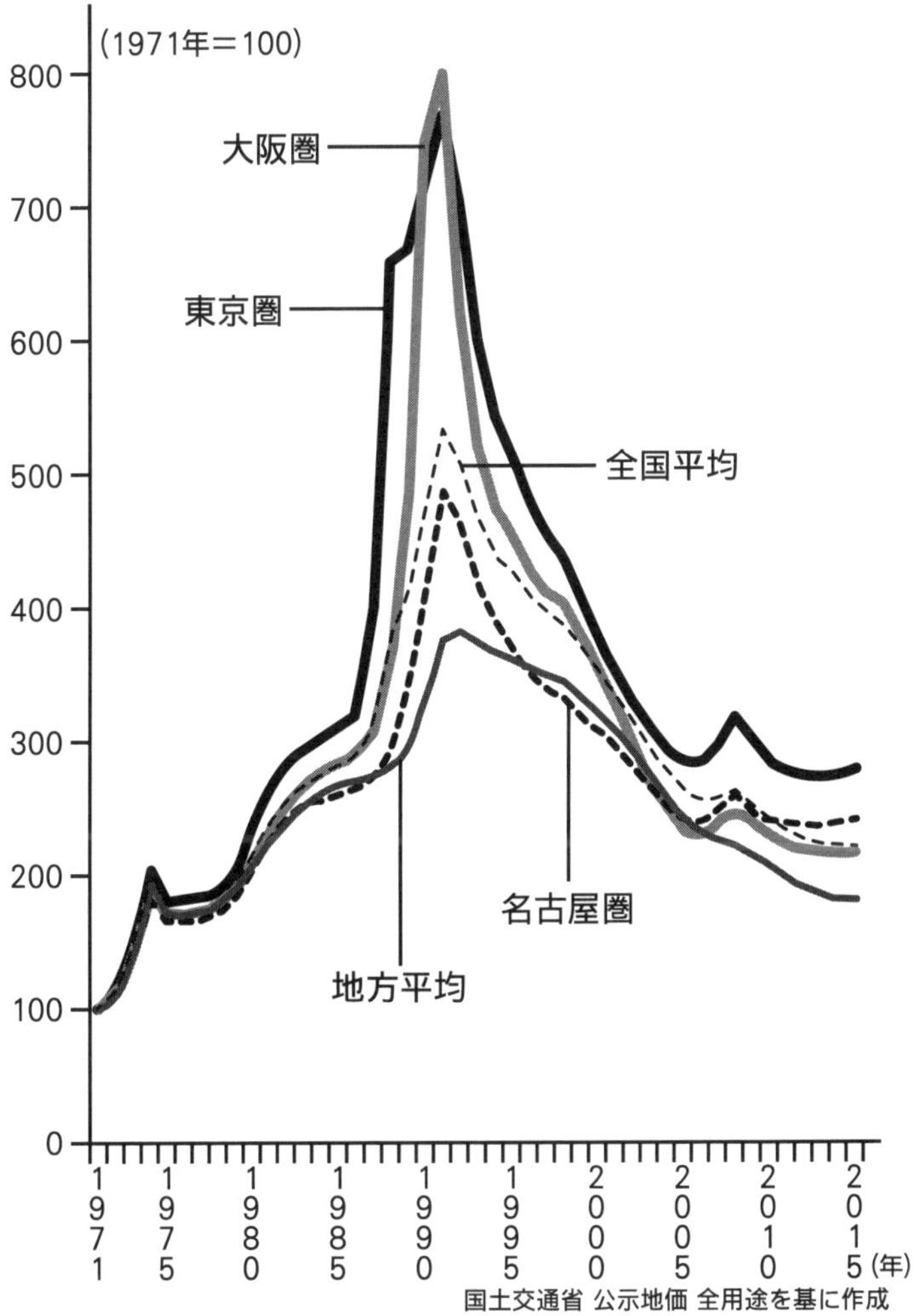

国土交通省 公示地価 全用途を基に作成

える」と評すほどである。そして、バブル崩壊の翌年の一九九一年早々には、イラク戦争が勃発した。

改元と経済的パラダイム・シフトの奇妙な一致

極端な言い方をすると、平成の経済的な歴史とは、まさにデフレの歴史だ。昭和の高度成長と末期の資産バブルから一転、平成ではデフレが延々と続いている。歴史を振り返ると、改元の起こる際は往々にして経済的なパラダイム・シフトが同時に起こってきた。

たとえば一八六八年に始まった明治では、西洋で起きた産業革命の取り込みが図られ、経済は大きな飛躍を遂げる。続く一九一二年からの大正では、戦時費に起因した対外債務の膨張により明治維新で確立された経済システムが崩壊した。そして一九二六年から始まった昭和では、翌年の昭和恐慌に続き一九二九年には世界恐慌を体験している。さらに平成に入ると、バブルが弾けデフレが到来した。

おそらく、次の改元でも何か大きなパラダイム・シフトが起こるだろう。日本政府は早ければ二〇一八年末～二〇一九年年始には皇太子殿下の天皇即位に伴う儀式を行ない、同日から新元号（未定）とする予定だ。まだ決定ではないが、平成が三〇年で幕を閉じることはほぼ間違いない。

奇しくも二〇一九年は明治維新から一五〇年目にあたるのだが、かつての改元と同じくその前後で経済的なパラダイム・シフトが起こり得る。私が思うに、それは二〇一九年の秋頃だ。もしくは、二〇二〇年の東京オリンピックを終えた頃だと考えている。昭和も平成も、改元からおよそ一、二年後に深刻な経済危機が起こっているためだ。その詳しい根拠は、後の章で詳しく述べたい。

第二章　元号が変わると恐慌がやってくる

明治維新は「瓦解」だった

「親譲りの無鉄砲で小供の時から損ばかりしている」――ほとんどの読者は「昔読んだ記憶があるな」と思われたことだろう。夏目漱石の名作『坊っちゃん』の冒頭の一節だ。

さて、この『坊っちゃん』、数ページ読み進んで行くとこんな表現が出てくる。坊っちゃんの家の下女・清について書かれているところだ。「その時はもう仕方がないと観念して先方の云う通り勘当されるつもりでいたら、十年来召し使っている清という下女が、泣きながらおやじに詫まって、ようやくおやじの怒りが解けた。それにもかかわらずあまりおやじを怖いとは思わなかった。かえってこの清と云う下女に気の毒であった。この下女はもと由緒あるものだったそうだが、瓦解のときに零落して、つい奉公までするようになったのだと聞いている」――私が傍点を付けたこの「瓦解」とは何か？　実は、明治維新のことなのだ。『坊っちゃん』が書かれたのは一九〇六年（明治三九年）。「明治」が始まって四〇年近くも経っている。明治時代はもう終わりに近い。そんな時期でも明治維新のことは、「瓦解」と呼ばれていた。そう、私たちの多くが華々しく力強いイメージを抱いている明治維新は、実は「零落」を招く「瓦解」、大変な経済的混乱であったのだ。

『武士の家計簿』（磯田道史著　新潮社刊）という本がある。二〇一〇年に森田芳光監督で映画化され、かなり話題になったからご記憶の方も多いだろう。本の方も二〇万部以上売り上げるベストセラーとなった。この本のサブタイトルは、「『加賀藩御算用者』の幕末維新」。御算用者とは会計処理の役人のことで、この本には従来のドラマチックな維新ではなく、お金の面から見た幕末維新が描かれている。「瓦解」によって「零落」した士族の姿もリアルに記述されている。小見出し「ドジョウを焼く士族」から引用しよう。

新政府にとって、金沢は厄介な県であった。元が加賀百万石だけに、膨大な数の士族が残っているうえ、薩長と対立していた。そのため、政府に不満を抱く者も少なくなかった。巷には、禄を削られた士族・卒が失業者としてあふれていたのである。十二月十八日には、士族・卒であっても官職のない者は、農工商を営むことが許され、身分制度の崩壊がすすみはじめた。

直之（引用者注：加賀藩御算用者だった猪山直之）は金沢にあって、その有様を目撃することになる。明治五年四月二十六日、直之は恒例の犀川の河原相撲を見物にいった。相撲の勝ち負けで「火入れを投げ、或は喧嘩を始め」るのは「往昔に変わることなし」という金沢の風物詩であったが、ここで直之は驚くべき光景を目にした。相撲見物人の荷物を預かる雑役夫に「士族打ち交じり居り」という、以前には絶対にあり得ない風景が、そこにはあったのである。（中略）

士族が没落する時の勢いに、おののくばかりであった。しかし、驚くのはまだ早かった。八月になると、同じ犀川に「下民同様、夏中、犀川橋づめに唐キビを焼き、ドゼウ（ドジョウ）を焼き売る士族」が現れたのである。

（磯田道史著『武士の家計簿』）

現代で言えば、こんな感じだろうか――。一流の大企業に勤めていたが、不況で倒産。大企業だけに雇用されていた者も数万人におよんだが、みんな失業。食うためには、プライドを捨てて何でもやる。仕事着はスーツから作業着になり、「きつい（Kitsui）」「汚い（Kitanai）」「危険（Kiken）」の３Ｋも厭うてはいられない……。

新政府の紙幣「太政官札」は紙クズ扱い

かくて、明治維新＝「明治」への改元がなされた頃は、未曽有の大失業時代だったわけであるが、経済の混乱状況は失業どころではなかった。お金の価値がまったくわからない状況に陥っていたのである。

一八六八年――まさに「明治」が始まった年、維新政府は「太政官札」を発行することを決定した。維新政府は戊辰戦争に多額の費用を要し、殖産興業の資金が不足したので、財政事情は極めて厳しかった。そこで見込まれたのが、名うての政策通・三岡八郎（後の由利公正。五ヵ条の御誓文の起草者として有名）である。三岡はかつて財政難にあえいでいた福井藩を、藩札五万両の発行によって見事に立ち直らせた人物としてその名を轟かせていた。三岡は「藩の財政難を克服するには、領内産業の振興以外にない。領内の生産不振の原因は、生産資金の枯渇にある」と考え、藩札を発行して生糸などの生産者に超低利で融資し、商品生産の自立的な発展を促進した。またそれと同時に、福井産の生糸を売るために貿易が盛んな長崎や横浜に独自の販売ルートを開拓し、物産総会所（今でいうアンテナショップ）を設立した。

この三岡の政策は大成功し、福井藩の財政は完全に立ち直り、文久年間（一八六一～六四年）には常時藩庫に金五〇万両を保持するに至った。

話をちょっとだけ現代に移すが、この三岡の藩札発行は今の国債発行と似ている。超低金利で成長産業に資金を融資し、それで経済を拡大させて財政を健全化させるというやり方だ。ただ、三岡の福井藩のケースは成功例だが、藩札には失敗例も多い。日銀金融研究所調査役であった檜垣紀雄氏の研究によれば、「正貨の流入が思わしくない」場合、「藩当局は財政難打開の対症療法として、とかく安易に藩札を濫発する傾向」があり、「その結果、正貨と藩札との間の兌換制は有名無実となり、破綻を招く例が多い」（檜垣紀雄著『藩札の果たした役割と問題点』）という。

ひるがえって、今日のアベノミクス。第一の矢・金融政策、第二の矢・財政政策、そして第三の矢は成長戦略と言われたが、今の日本でそんな劇的な成長産業があるのだろうか。かつての高度成長期の夢がいまだに忘れられず、根拠の薄弱な成長主義に陥っているのではないだろうか。謙虚に歴史に学べば、今のような安易な国債乱発財政の先に待ち受けているのは破綻しかないというのが、当然の帰結であろう。

さて、話を明治元年の「太政官札」に戻そう。三岡は福井藩の成功体験から、三つの目的で太政官札発行を考えた。一つは、財政難に悩む諸藩や府県に貸し付けて、農業や商業の振興を図るための資金としての役割。二つ目は、一般の生産者に貸し付けて、通商を活発化させる勧業資金としての役割。そして三つ目は政府の歳入不足の補填である（結果的には、ほぼこれであった）。発行された太政官札は額面で十両・五両・一両・一分・一朱の五種類で、翌年の明治二年七月までに四八〇〇万両が発行された。

しかし、時は新時代の大混乱期。世の中はまったく落ち着いてはおらず、ことは思惑通りに進まなかった。藩府県への貸し付けは一万石の石高に対して一万両の札を割り当てたのだが、これは殖産興業のためにではなく出兵費用として使われてしまったようだ。それも無理からぬ話で、諸藩は新政府の命令で東海道・北陸道・中仙道、さらに東北へと軍勢を派遣せねばならなかったのだ。

第二の民間への産業資金も同様で、このような動乱の時代である。産業に回るお金としては活用されなかった。そして何より、太政官札はまったく信用されていなかった。考えてみればそれも当然である。二七〇年近くも続いた長期政権が軍事クーデターによって倒され、新政府が突然「これがお金であるぞ」と言って太政官札なるものを発行し始めたのである。当時の人々は各藩で発行し藩内でのみ通用する藩札には慣れていたが、全国で通用する紙のお札などまったく未体験であった。特に、銀目手形などが普及し信用経済が発達していた大阪商人はまだしも、新しい国政の中心となる江戸の商人にとっては、お金と言えば小判や分金、分銀や朱銀という金銀貨であり、太政官札の価値などわかるはずもなかった。

やむなく太政官札を手にした商人たちは、そのまま両替屋に持ち込み、額面より安く小判や分金に引き換えるという事態となった。当時の状況を記した大蔵省編『紙幣整理始末』によれば、発行当初、江戸・京都・大阪の三府において太政官札は正貨に対して六割余の下落となり（四割でしか評価されなかったということ）、他の地方にあってはまったく流通しなかったと記述されている。

こういった状況に対し、なんとか太政官札を額面通り取引させようと新政府も対策を打つ。発行から一ヵ月後の六月二〇日、太政官札は正金と同様に流通させるべきとして、引き換えの際に割り増し料を取ることを禁じ、さらに七月一八日にも重ねて太政官札と正金との間に価格の差を設けることを禁じた。

しかし、そんなことで突然現れた紙のお金に信用が付くはずもない。新政府は段々と強制的な手を打たざるを得なくなって行く。まず九月二三日、租税その他政府への上納金には太政官札を使用するよう布告した。次には刑罰である。一〇月七日、地方の役所に命じて太政官札の流通を妨害する者を厳罰に処するよう命令した。しかし、押さえ付けても信用は高まることはない。新政府はついに一二月四日、太政官札が市中相場で流通することを公に認めた。

ここまでが皆、明治元年（慶応四年）、改元の年の出来事である。新政府発行のお札は、まったく信用されなかったのである。

明治元年はニセ金も横行

お金の価値の大混乱の背景はもう一つある。〝ニセ金〟の横行である。

慶応四年（この年の九月八日に明治に改元、同年一月一日に遡って新元号・明治を適用）四月一一日、新政府軍は江戸城に入城、ここからは北上である。しかし、軍資金はなかった。そこで彼らは、軍資金がなければ作れば良いと金作りを実行に移す。四月二五日、江戸における幕府直轄の金座・銀座・銭座を接収。翌四月二六日には早くも鋳造を開始した。七月には大阪でも鋳造を始め、東京（七月一四日、江戸から東京に変更）と大阪で二分金など合わせて六〇四万両余りが鋳造された。

しかし、なにぶん急ごしらえのお金である。粗製乱造にならざるを得ない。これらの二分金の中には、後世になって「劣位二分金」と名付けられたものがあった。大阪で鋳造された六〇万八〇〇〇両で、この二分金は含有金量が一〇〇〇分の一七六。それまでの正規の二分金は一〇〇〇分の二二〇であったから、著しく低位であった。この二分金は街道筋の宿や小売商などで使われ、それを手にした両替商はすぐに質の悪さに気が付いたであろう。そのうわさが広まると、二分金そのものの質が問われ、人々は疑心暗鬼になった。

そんな中でのニセ金の登場である。ニセ金作りに走ったのは、派兵による財政難に苦しんでいた諸藩である。その詳しい記録が広島藩に残されている。広島藩は勘定奉行が中心となり、慶応四年（明治元年）三月頃からニセ金作りを始め一年後の明治二年三月に終了したが、その年の大凶作で年貢の収入が減ったため再び開始された。

横行する藩ぐるみのニセ金作りに対し、新政府も探索を始めた。これを知った広島藩は、藩主に罪がおよぶのを恐れてか、政府に自訴した。政府は自らニセ金まがいの劣位二分金を鋳造していたこともあり、明治二年の五月までに終わっていれば不問に付すことにした。明治元年は、アヤシイ紙のお金「太政官札」が出回り始めただけでなく、ニセ金も横行していたのである（ちなみに広島藩はその後もニセ金作りを続け、最終的にはそれなりの罪に問われたという）。

このニセ金は、各地で一揆や騒動を引き起こした。その代表例が明治二年に信州で発生した上田騒動。ニセ二分金の横行に苦しんだ農民たちの一揆である。ニセ二分金は銀台の上に金のメッキを施したもので、石の上に落とすと変な音がするのでその音を真似て「チャラ金」と蔑称された。だから、上田騒動のことを別名「チャラ金騒動」とも言う。養蚕が盛んだったこの地方の農民たちが、繭の代金として受け取った二分金がほとんどニセ金であったことから、この一揆は起こった。農民たちは生糸問屋をはじめとする大商人が住む上田城下に大挙してなだれ込み、商家八七軒を打ち壊した。彼らはさらに焼き討ちを仕掛け、城下の二二〇軒余りが全焼した。

慶応から明治に元号が変わったこの年、大失業・お金の価値に対する不信、そして一揆と、経済は大混乱にあったのである。

「一世一元」が元号の本義

さて、明治維新＝「瓦解」、そして当時の経済の大混乱状況を見てきたが、ここで本書・本章のテーマである「元号」について基礎知識を確認しておこう。

まず、「明治」の前の元号であるが、これは先に述べた通り「慶応」である。

では、その時の天皇は慶応天皇？　いや、そうではない。孝明天皇である。

現在、わが国の元号は「一世一元」、御代替わりの時に元号も新たにするという制度を採っている。これは、元号の本義とされる。皇帝・天皇が践祚《せんそ》（即位）の機会に従来の元号を改め新しい元号を建てることにより、人心を一新し民意を統合しようとするのだ。これを「代始改元《だいはじめかいげん》」という。しかし元号は、元々古代中国に始まり日本に伝えられたものであるが、中国でもわが国でも元号の改元はこの①「代始」に限らなかった。②祥瑞（吉兆）の出現による改元、③天変地異、疫疾、兵乱などの厄災を避けるための改元、④干支が辛酉（しんゆう・かのととり）または甲子《かっし》にあたる年には大変革が起こるという讖緯説《しんいせつ》によりその難を避けるための改元など、いろいろな理由で改元は行なわれた。

中国で見てみると、漢代の武帝から元朝の順帝まで約一五〇〇年間に、狭義の正当王朝の皇帝一三九代で三二八号、つまり一代平均二・四回改元され、一元号平均わずか四年半しか続いていない。わが国でも、孝徳天皇（大化）から孝明天皇（慶応）までの約一二〇〇年間に限ると、天皇八七代（北朝五代十六元号も合算）で二四三号、一代平均二・八回改元されており、一元号平均五年弱しか続いていなかった。

幕末には一世六元

そこで今一度、孝明天皇の御代に戻ろう。孝明天皇が即位された時、代始改元により定められた元号は「嘉永」。しかし、内裏炎上・近畿地震・異国船渡来などの変異により「安政」に改元。「安政」と聞けば少なからぬ読者は吉田松陰や橋本佐内らが処刑された「安政の大獄」を思い出すであろうが、それを断行した大老・井伊直弼が暗殺された「桜田門外の変」も「安政」期の事件であった。そういった災異によるものか、事由不詳ながら次は「万延」に改元される。「万延」はわずか一年で前述した辛酉革命により「文久」に改元。この「文久」も前述した甲子革令によりわずか三年で「元治」に改元。この「元治」は、西暦で言うと一八六四年から六五年にかけてを言い、「禁門の変」があったり長州藩が英米仏蘭四ヵ国からの砲撃に遭ったり、まさに幕末の騒乱状態にあった。そこで内外国難のために「慶応」に改元。ここまで「嘉永」から「慶応」までの六元号、すべて孝明天皇の御代である。

こうして見ると、「元号が変わると恐慌がやってくる」と言うより「世の中が天変地異とか恐慌とか大荒れになった時に改元するんじゃないの?」と感じられた読者もいるのではなかろうか。確かに、かつてはそういう面もあった。しかし、詳しくは後述するがそれだけではないのだ。

話を改元のルールに戻そう。こんなに頻繁に改元が行なわれるようだと代始改元の本義が薄れてしまい、また元号使用者の混乱も生じやすい。そこで、中国においては元朝の後、明朝の初めの「洪武」改元以降、代始改元のみの「一帝一元」とされ、清朝もそれを踏襲した。わが国においても江戸後期頃から代始改元が提唱されるようになり、それが明治維新の際、岩倉具視の建言で採り上げられ、「一世一元」となった。昭和五四年成立の「元号法」でもその趣旨が盛り込まれた。それで今回のご譲位にあたっても、元号が変わるのである。

日本のみの特徴「万世一系」

しかし、中国の王朝と元号、日本の天皇と元号を比較してみた時に決定的な違いがある。それは、日本は「万世一系」であるという点である。「万世一系？戦前回帰のアナクロニズムか」と思われた読者もいるかもしれない。そこで、あるジャーナリストの筆による「古代からひとつの王朝が続く日本」という小見出しから始まる次の一文を読んでいただきたい。

「万世一系の天皇を戴き、古代からひとつの国として平和を実現してきた日本は、他国とは違った歴史観を持っている。（中略）侵略が繰り返される中で、生まれてきた国や、広大な大陸で、王朝が覇権を争った歴史とは、違った『歴史意識』が、日本人の中には、流れている。それは、『平和の民族』としての、意識であり、『歴史意識』であるかもしれない」。

これを読まれた読者は、「こんなことを書くのはトンデモナイ右翼ジャーナリ

スト だ」と思われたかもしれない。しかし、断言するがそうではない。なぜならこの文章は、一流の外国人ジャーナリストの筆によるものだからだ。

筆者はヘンリー・S・ストークス氏で、『大東亜戦争は日本が勝った』からの引用だ。イギリス生まれでオックスフォード大学修士課程修了後、フィナンシャル・タイムズ入社。その後、「フィナンシャル・タイムズ」東京支局長、「ザ・タイムズ」東京支局長、「ニューヨーク・タイムズ」東京支局長を歴任された方だ。十二分に日本を知り尽くした知識人による日本観・天皇観である。

もう一人、外国人の言葉を引用しよう。

「この巨大な集合体の頭首として、天皇は『神々しい君主』『国民の生き神』――『神官皇帝』であり、また『最高の司祭長』であって――世界最古の王朝を代表しているのである」。

今度も著名な外国人だ。一八五〇年、アイルランド人の父とギリシャ人の母との間に生まれたその人はラフカディオ・ハーン。日本名・小泉八雲。知らない人はいないであろう。東京帝国大学などで教鞭を執るかたわら、『知られざる日本の面影』『霊の日本にて』などで日本の風土と心を外国に紹介。また多く読者にとっては、小泉八雲＝ラフカディオ・ハーンと言えば『怪談』であろう。

ハーンは、日本の伝説を元にしたこの作品で、物語作者としての才能も発揮した。先に引用した文章は『日本――解明への一試論』という著作からのものであるが、この原本の大扉には「神国」と漢字による題名が書かれており、それゆえ東洋文庫（平凡社）では、訳書名を『神国日本――解明への一試論』として発刊している。

さて、興味深いのはハーンの生い立ちだ。ハーンはギリシャ生まれ。幼少期をアイルランドで過ごし、フランス・イギリスに学び、米国で繁忙なジャーナリスト生活を送り、最後に日本に帰化し骨を埋めた。ギリシャと言えば、私たち日本人からすると「古代ギリシャ」という言葉がまず頭に浮かぶ。大変な歴史のある国というイメージだ。

しかし、半分ギリシャ人の血を引きギリシャ生まれでもあるハーンが、わが国の天皇家を指して「世界最古の王朝」と言い、天皇のことを「神々しい君主」

「国民の生き神」と称えるのである。私たち現代日本人の感覚からすると一見異様に思えるが、冷静に考えてみるとその意味がわかってくる。

ギリシャは世界遺産の宝庫だ。パルテノン神殿などのアテネのアクロポリス・デルフィの考古遺跡・オリンポスの考古遺跡……等々。しかし、それらはすべて「遺産」「遺跡」なのである。残っているのは遺跡としての建物、あるいは建物跡だけであって、古代ギリシャから同じ王朝がずっと続いているわけではない。

古代ギリシャでもっとも有名な王はアレクサンダー大王（アレクサンドロス三世）であるが、この王朝（「アルゲアス朝」という）が存在したのは紀元前約七〇〇年から同三一〇年までで、アレクサンドロス三世の子であるアレクサンドロス四世の代であっけなく終わっている。その後ギリシャは、プトレマイオス朝エジプトを経た後、実に一九〇〇年近くにわたってローマ帝国・東ローマ帝国・オスマン帝国の支配下に置かれることとなる。

だから当然、混血が進んでいて、人種的にも古代ギリシャ人と現代ギリシャ人とを同一人種と見ることは到底できない。

しかし、実はこれはギリシャ人に限らない。ヨーロッパにおいてもアジアにおいても、古代から純粋な血統を保持している民族などというものは皆無であり、ギリシャ人もまたその例に漏れないだけである。つまり、世界においては異民族による征服や混血は当たり前であり、一王朝が有史以来ずっと続くなどというのは考えられないことなのである。だから、ギリシャに生まれヨーロッパ・米国を経て日本に来たハーンは、その歴史に感嘆し、素直に「神国」と称えたのである。

中国四〇〇〇年の異民族侵略史

これは、年号発祥の国・中国も同じである。先に改元の歴史の話の中で、「元朝」「明朝」「清朝」という言葉を使ったが、これらは皆〝異なった民族〟による王朝である。私たちはなんとなく、「中国人」というものが何千年も昔から存在し今に続いているように思っているが、そうではないのだ。

元寇で知られる元は、有名なチンギス・カンの孫でモンゴル帝国の第五代皇帝に即位したクビライ（フビライ）が、一二七一年にモンゴル帝国の国号を「大元」と改めたことにより成立したモンゴル族の征服王朝である。ちょっと脱線するが、このクビライ（フビライ）の顔、誰かに似ていないだろうか。私はモンゴル出身の元横綱・朝青龍に似ていると思うのだが……。

清朝も、いわゆる「中国人」の主流派である漢族の王朝ではない。北方の満州族が打ち立てた征服王朝だ。この満州族が中国を支配していた清の時代に持ちこんだものの中には、今私たちが中国の伝統的なものと誤解しているものも少なくない。たとえばチャイナドレスがそうだ。チャイナドレスは丈の長い詰め襟の衣服だが、あれは元々、北方に住む満州族の防風防寒のための衣服だったのだ。

やや余談になるが、実はこの満州族の征服王朝である清朝により、「中国」は拡大してほぼ今の「中国」とイコールになった。それまではもっと狭い地域を指していた。少し考えてみればわかることだが、誰もが知っている世界遺産の万里の長城、あれは外敵の侵入を防ぐために造られたものなのだから、長城の向こう側は「中国」ではなかった。

その「中国」ではない地域、いわゆる満州において一六一六年に建国した後金国《こうきん》が清の前身である。後金国の首都は遼陽《りょうよう》から後に瀋陽《しんよう》（旧称奉天）に移されたが、つまり遼陽も瀋陽も当時は「中国」ではなかった。「中国」の外にあったのである。後金は一六三六年に国号を大清に改め、一六四四年に万里の長城を越えて北京に都を移す。こうして満州族が征服したことによって、「中国」は満州を含まない「旧中国」から満州を含む「現中国」になったのである。

さらに遡って行くと、「中国四〇〇〇年の歴史」というものが、いかに諸民族入り混じっての戦乱の歴史であったかがわかる。「四〇〇〇年の歴史」と言うけれど、実は一貫して続いてはいないのだ。

読者の皆様は「東夷《とうい》・西戎《せいじゅう》・南蛮《なんばん》・北狄《ほくてき》」という言葉を聞いたことがあるのではないだろうか。今、日本人に馴染みのあるのは「南蛮」くらいだが、元々は四つセットで「四夷《しい》」と呼ばれる。中国の周り、東西南北に住む野蛮人というような蔑称だ。

中華思想を象徴する言葉だが、実は「東夷・西戎・南蛮・北狄」という言葉を生んだ元々の「中国」とは、黄河中流域の「中原《ちゅうげん》」というエリアでしかなかった。六七ページの図を見てもらえばおわかりの通り、中原というのは本当に限られたエリアだ。それ以外に住む種族は、たとえば今の北京や上海に住んでいた種族もみな「東夷・西戎・南蛮・北狄」であったのである。

この中原と呼ばれる黄河中流域の豊かな平原地帯を巡って、諸族が争い攻防を繰り返していた。こうして諸族が入り乱れ、侵略し、侵略され、混血が進み、それによって誕生した混血雑種が中国人なのである。

このようにギリシャや中国の歴史を見てくると、ストークス氏の指摘「侵略が繰り返される中で、生まれてきた国や、広大な大陸で、王朝が覇権を争った歴史とは、違った『歴史意識』が、日本人の中には、流れている」――この言葉の意味がわかってくるのではないだろうか。

元々の「中国」は「中原」だけだった

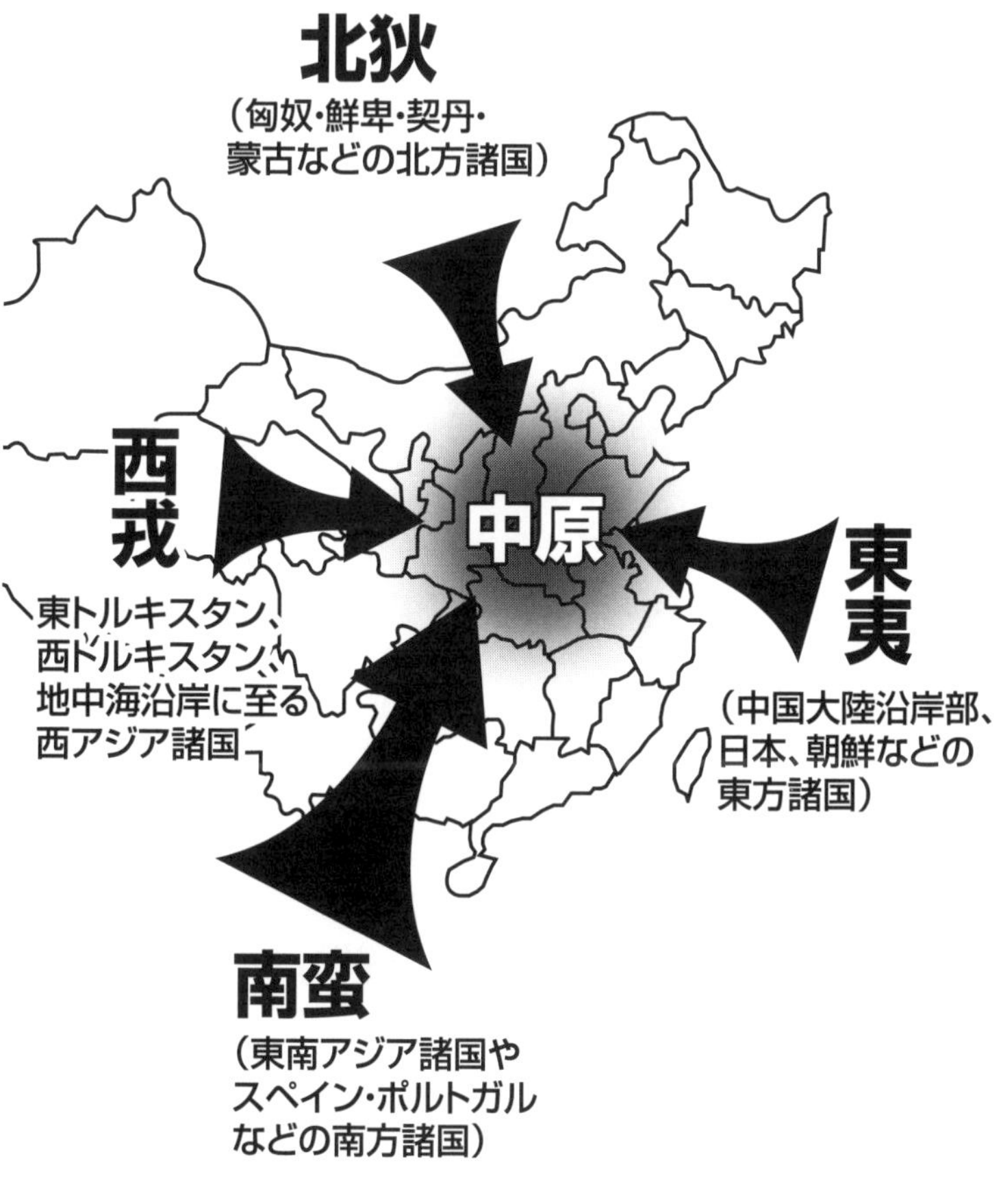

天皇陛下の「お言葉」に反対する右派・支持する左派

今回の改元はもちろん譲位による代始改元であり、その動きの発端となったのは読者の皆様もご存知の通り、二〇一六年（平成二八年）八月八日の天皇陛下の「お言葉」である。この「お言葉」を巡って、論壇ではなかなか興味深い動きが展開された。深いところで本書のテーマに関わってくることなので、少々紙幅をいただきたい。

まずは、二〇一七年（平成二九年）五月二一日付の毎日新聞一面トップだ。「陛下退位議論受け『ショック』　専門家『祈っているだけでよい』」――記事の内容は、天皇陛下の退位を巡る政府の有識者会議で保守系の専門家から「天皇は祈っているだけでよい」などの意見が出たことに、陛下が「批判をされたことがショックだった」と漏らされていたというものだ。この記事は直後に宮内庁が全面否定した。天皇陛下のお気持ち云々の真偽はともかく、五大紙（読売新聞・朝日新聞・毎日新聞・日本経済新聞・産経新聞）の中では朝日と共に左寄りとされる毎日新聞が、天皇陛下のお気持ちに沿う立場から沿わない保守派を間接的に批判するような記事を一面トップで大々的に報じたことは、なんとも興味深かった。

確かに、天皇陛下の「お言葉」に対して、一部の保守派からは「天皇は祈ること＝宮中祭祀にこそ意味がある。被災地訪問などの公務も大切だが、そちらは他の皇族が行かれれば良い」というような、天皇陛下の「お言葉」に素直に沿わない声が上がっていた。一方でリベラル派からは「天皇主義者」宣言をする者が現れた。その代表が、九条護憲や脱原発などリベラルな主張で知られる内田樹《たつる》氏だ。

この宣言は、元々『月刊日本』に掲載されたものだが、左寄りの代表的新聞とされる朝日新聞の二〇一七年六月二〇日付文化欄でも大きく取り上げられていた。見出しは「『天皇主義者』宣言のわけ　思想家・内田樹さんに聞く」、サブタイトルは「契機は『お言葉』　崇敬なき保守派に疑問」。内田氏は、「お言葉」の中で天皇陛下が「天皇の務め」とされた戦争犠牲者への「鎮魂」と災害被害者など傷ついた者への「慰謝」は、国民を統合するために非常に意味があるとした。そして、天皇陛下自らがそう仰っているのに、保守派の中からは「余計なことはするな」と言わんばかりの声が出たことに驚き、だったら素朴な崇敬の念すらないそういう保守派よりも、陛下のお考えを支持する僕こそが「天皇主義者」だと宣言するに至ったという。

内田氏は思想家だけあって、指摘はさらに深いところまで踏み込んでいる。天皇制が高い統合力を持つ一因は、それが持つスピリチュアル（霊的）な性格にあるというのだ。「選挙で選ばれた指導者などの世俗的な『国家の中心』とは別に、国家にはしばしば、宗教や文化を歴史的に継承する超越的で霊的な『中心』がある。日本の場合、それが天皇なのだと思う」（朝日新聞二〇一七年六月二〇日付）。

代始改元は日本の霊的な「中心」が代わるということ

さて、そろそろ私の考えを述べよう。確かに天皇の本質は祈り＝宮中祭祀である。それは保守派の言う通りだ。そして、古来から天皇が行なってきたのは、ひたすら国家と国民の安寧と繁栄を祈る「宮中祭祀」であった。ハーンはそこをしっかり理解していたからこそ、天皇のことを「『神官皇帝』であり、また『最高の司祭長』であって」と述べていたのである。

しかし、である。では、天皇陛下が遠く隔れた島々まで慰霊に行かれたり、被災地を訪問して力づけられたりすることは、天皇の務めとして大切ではないかと言えば、そんなことはないだろう。いや、それどころか、もし行動を伴わない祈りだとすれば、そこには本当に祈りの気持ちなどあるのだろうか。たとえば私たちは子供が急病にかかって苦しんでいる時、懸命に治ることを祈るであろう。しかし、ただ祈るだけであるはずがない。もっとも良い病院を必死に探すであろう。祈りとは、必然的に行動を伴うものなのだ。

天皇の祈りに戻るが、天皇の祈りとは古来、行動を伴う祈りであった。代表的な例を挙げよう。「高き屋にのぼりて見れば煙立つ 民のかまどは賑わいにけり」——これは古墳時代の仁徳天皇の御製である。ある日、仁徳天皇は高台から遠くをご覧になった。すると人々の家からは少しも煙が上がっていないことに気付かれた。「これは、貧しくて炊くものがないのではないか」と思われた天皇は三年間租税を免除し、その間は倹約のために宮殿の屋根の茅さえ葺き替えなかった。三年経って天皇が同じ高台に出られて遠くをご覧になると、今度は人々の家々から炊煙が盛んに立つのが見えた。先の歌はその時詠まれた御製である。この御製は、前述した内田樹氏も『GQ JAPAN』次いで『東洋経済ONLINE』に寄稿したコラムの中で紹介し、このように解説していた。「この歌が久しくわが国で選好されてきたのは、民の生活を気づかい、祝福を贈ることが天皇制の本義」(『GQ JAPAN』二〇一五年九月号コラム)であるからだと。

天皇は、ただ祈っているだけではない。古代から、国民の様子を実際にご覧になり、行動もされてきたのだ。だから私は、祈り＝宮中祭祀こそ天皇の本質であることは是としつつも、慰霊や被災地への旅を大切にされる陛下の「お言葉」をそのまま支持したいと思う。

長々と天皇の本質について書いてきたが、改元の本質は代始改元、つまり天皇が代わることなのだから、改元の意味を理解するには天皇を理解しなければならない。そうしなければ、先には進めない。

日本において代始改元によって元号が変わるとは、すなわち日本の中心にある祈りの心棒が代わるということだ。内田樹氏の言葉を借りれば、「日本の霊的な『中心』」が代わるということだ。それが大きな動揺をもたらさないはずはないのではないだろうか。

「明治」から「大正」へ　日本国民は烈しいショックに襲われた

御代替わりが国民におよぼす精神的影響の大きさを見るために、今一度夏目漱石の名作を読んでみたい。今度は『こころ』である。

夏の暑い盛りに明治天皇が崩御になりました。その時私は明治の精神が天皇に始まって天皇に終ったような気がしました。最も強く明治の影響を受けた私どもが、その後に生き残っているのは必竟時勢遅れだという感じが烈しく私の胸を打ちました。（夏目漱石著『こころ』）

そして『こころ』のラスト、主人公の「先生」は自殺するに至る。これほどのショックが日本国民を襲ったのである。当然、経済にも大きな影響をおよぼした。この時期、経済史に記されるような大きな経済事件が起こったわけではない。しかし、数字を検証していくと、経済がそれまでの高度成長から一変して停滞、いや実質的には縮んでしまったことがわかる。

日本の産業革命は、明治一九年（一八八六年）銀本位制移行を契機とする企業設立ブームに始まり、日清・日露戦争を経て、民間の鉄鋼業や機械工業が発展し始め、織物業に力織機が導入されて手織機を圧倒し始める明治四〇年（一九〇七年）頃を一応の終了時点とみるのが通説である。その間、明治一九年（一八八六年）には約四〇億円だった実質国民総生産は、明治四三年（一九一〇年）には八〇億円近くに達した。明治中期から後期にかけての二五年で倍増したのだ（同期間に、人口も三八五四万人から四九一八万人に約二八％増加しているので、「一人当たり国民総生産」は倍増までは至らず約五七％の増加）。明治後半、日本経済は力強く成長していったのである。

しかし御代替わりの年、元号が「明治」から「大正」に変わった一九一二年を中心とする五年間、明治四三年（一九一〇年）年から大正三年（一九一四年）までは不況に陥り、実質国民総生産の伸びは停滞。この五年間の国民総生産は約三％だけの増加に留まった。一方人口の方は五二〇四万人へと約六％増加したので、「一人当たり国民総生産」は減少してしまったのだ。力強く長期の経済成長を続けた後の五年もの停滞。いかに、当時の日本人が明治天皇崩御により「烈しく」ショックを受け、沈み込んでいたかが伺えよう。

ちなみに、この鬱屈した状態を打ち破ることになるのは、大正三年（一九一四年）に勃発した第一次世界大戦である。これを契機に日本の経済は急成長に転じる。実質国民総生産は、大正一〇年（一九二一年）には一二〇億円にまで達する。第一次世界大戦期のわずか七年間のうちに八〇億円から一二〇億円へと五割増という、著しい経済成長を成し遂げたのである（ちなみに同時期の人口は、五二〇四万人から五六六七万人へと約一五％の増加であった）。

「大正」から「昭和」へ　激震！　金融恐慌

次の改元、「大正」から「昭和」に元号が変わった時に何が起こったか――。昭和金融恐慌である。

日本経済は第一次世界大戦時の好況（大戦景気）から一転して大正九年（一九二〇年）には戦後不況に陥り、企業や銀行は不良債権を抱えた。また、大正一二年（一九二三年）に発生した関東大震災の処理のための震災手形が膨大な不良債権と化していた。一方で、中小の銀行は折からの不況を受けて経営状態が悪化し、社会全般に金融不安が生じていた。そういった時代背景の中、大正一五年（昭和元年）一二月二五日、大正天皇が崩御され、元号は「昭和」に改められたのである（だから昭和元年は七日しかない）。

改元から一ヵ月後の大正二年一月二六日、衆議院予算委員会に震災手形二法案が帝国議会に提出された。そして、その法案の審議中の三月一四日、第一弾の「その時」が来る。片岡蔵相が「東京渡辺銀行が破綻しました」という失言（実際はまだ破綻していなかった）をしてしまったのだ。これに端を発して金融不安が一気に表面化、全国で取り付け騒ぎが発生する。この第一段階の取り付け騒ぎは、震災手形二法案が議会を通過し成立したことで一旦は収まった。しかし議会での二法案の審議を通じて、台湾銀行と鈴木商店の信用問題が表面化した。ここで台湾銀行と鈴木商店について、少し説明しておこう。台湾は当時、日本の統治下にあり、台湾銀行は明治三〇年（一八九七年）三月に公布された「台湾銀行法」によって設立された、台湾の貨幣（台幣）の発行権を持つ特殊銀行であると共に、日本統治時代の台湾における最大の商業銀行であった。

一方の鈴木商店とは、当時のわが国最大の総合商社である。大正中期にはわが国GNPの実に一割に相当する売上を上げ、三井物産・三菱商事をはるかに凌駕していた。また、当時のスエズ運河を通過する船の一割は鈴木商店所有と言われた。第一次世界大戦での塹壕の土嚢には鈴木商店のロゴ（菱形にSUZUKIの略記「SZK」）の入った小麦袋が大量に使われたという。拡大に拡大を続けた鈴木商店であったが、そのでかくなり過ぎた図体が仇となる。

第一次世界大戦後の反動不況により、株価・工業製品価格・船舶運賃など、あらゆる分野にわたって価格は暴落した。鈴木商店はその影響をもろに受けることとなった。鈴木商店は株式を上場せず、借り入れのみで運転資金を賄っていた。借金で事業を、図体を大きくしてきたのだった。大正末期には、鈴木商店はもう金融の延命治療だけで生き延びている瀕死の状態に陥っていた。

その金融の命綱となっていたのが、台湾銀行であった。この鈴木商店、発展のきっかけになったのは時代は明治に遡るが台湾での樟脳油販売であった。そうした流れから、鈴木商店は台湾銀行から莫大な融資を受けていた。一九二〇年代末期の時点では、台湾銀行の総貸出額七億円余りのうち、半分近くの三億五〇〇〇万円が鈴木商店への貸出しであった。

日本全土を吹き荒れた取り付け騒ぎの嵐

政府は台湾銀行救済のため、緊急勅令によって日本銀行に台湾銀行への非常貸出しを行なわせると共に、これによって日本銀行が損失を被った場合には二億円を限度として政府が損失を補償することを目指した。国民も最後は政府が救済するだろうと思っていた。しかし、第二弾の「その時」が訪れる。四月一七日、枢密院は本会議でこの緊急勅令案を否決。日銀の「救済銀行化」にNOの結論を出したのだ。これにより、翌四月一八日、台湾銀行は休業に追い込まれる。台湾銀行ばかりではない。日銀から頭取が派遣されていた関西の大手・近江銀行、そして宮内省の公金を司り当時五大銀行の一つとされた十五銀行も相次いで休業に追い込まれた。

一流銀行が次々と倒れる事態に、国民は恐怖のどん底に叩き込まれた。取り付け騒ぎは爆発的に全土に波及。全国ほとんどすべての銀行が取り付けに遭った。こうなると、不良債権云々ではなく、物理的にお札が足りなくなった。日銀は焼却すべき古紙幣は言うにおよばず、裏面空白の券まで動員しなければならなくなった。まさに、わが国の金融制度は崩壊寸前にあった。

四月二〇日、若槻禮次郎内閣は総辞職し、田中義一内閣が発足。この非常時に大蔵大臣に起用されたのが、政界を引退していた七四歳の高橋是清であった。高橋是清蔵相は四月二二日から三週間の支払猶予令（モラトリアム）を公布した。この期間、銀行は預金引き出しに応じる義務を免除されたのである。これを逆に言えば、預金者は預金を引き出すことができなくなったのである（ただし、一日五〇〇円以下の少額の払い戻しは可能）。

この緊急措置により、さしもの取り付け騒動も収まったが、当然あらゆる経済取引は阻害され、経済活動は麻痺状態に陥った。財界の被った損失は、ＧＮ

天皇が崩御すると恐慌がやってくる!!

孝明天皇崩御	→	明治維新という大変動
明治天皇崩御	→	大正初期のミニ恐慌
大正天皇崩御	→	昭和恐慌
昭和天皇崩御	→	1990年の株の大暴落〜大不況
今上天皇退位	→	？

Pが百数十億円であった当時の金額で実に二〇億円を超えたと推定されている。

台湾銀行以外で休業に追い込まれた銀行は、全国に三六行もあった。それら休業銀行の整理には、約一年半の時間を要した。そのかなり（二十数行）は単独ないしは合同により再起したのであるが、それは預金者の犠牲を伴うものであった。すなわち、代表的休業銀行の預金払戻率を見ると、実に預金の五割から三割五分ほどが切り捨てられたのである。

＊　＊　＊

ここまで読まれて、いかがだったであろうか。次の改元、「昭和」から「平成」にかけてのバブル崩壊については、第一章で詳しく述べたから、もう本章では取り上げない。「慶応」から「明治」へ、「明治」から「大正」へ、「大正」から「昭和」へ、そして「昭和」から「平成」へ……改元・御代替わりの時には、必ず経済的大混乱が生じていることをご理解いただけたことと思う。そして、それは決して偶然ではなく、深い理由があるということも。

第三章　バブルの世界史

バブルは必ず弾けている

「天災は忘れた頃にやってくる」と言われるが、株式や不動産の暴落などの市場を襲うパニックも突如として、そして忘れた頃にやってくる。

活況を呈していた景気は急激に冷え込み、モノはぱたりと売れなくなり、倉庫には大量の在庫が溢れ、工場は生産を抑制する。経営が悪化した企業はリストラを進め、町には失業者が溢れる。不良債権が急増した銀行は融資を絞り、貸し渋り・貸し剥がしの嵐が吹き荒れる。資金繰りのつかなくなった企業がバタバタと潰れる。そして、景気はますます冷え込み……。このような負のスパイラルが「恐慌」である。通常の景気循環において発生する不況とは一線を画す急激な景気後退は、文字通り人々を「恐れ」「慌て」させ、パニックに陥れる。

恐慌という急激な景気の落ち込みの前にはたいてい、資産バブルの膨張がある。バブルの渦中にいる人々の多くは、好景気も資産価格の高騰もまだまだ続くと考える。バブルの膨張に警鐘を鳴らす人間も一部にはいるが、一方でいかにももっともらしい理由でバブルを正当化する人間もいて、多くの人々は後者の論を支持する。

しかし、バブルは必ず弾ける。ひとたびバブルが弾けると、パニックに陥った人々はわれ先にと市場から逃げ出す。資産価格の暴落を号砲に、景気も一気に落ち込み、恐慌へと突入する。私たちはこの過ちを何度も繰り返してきたのである。残念ながら、この過ちは今後も繰り返されるに違いない。

本章では、過去に発生した巨大なバブルの崩壊とその後の恐慌がどのようなものだったのか振り返って行きたい。

世界初のバブル崩壊

世界初のバブル事件として知られるのが、一六三七年にオランダで起きたチューリップ暴落である。一六世紀、トルコよりウィーンにチューリップの球根と種子が初めて伝えられると、ヨーロッパ各地に広まった。そして、オランダでは貴族や富裕層などの間で次第にチューリップの人気が高まって行く。当時のヨーロッパにはなかった美しく鮮やかなチューリップは、繁栄の象徴とされ彼らは競ってチューリップを手に入れ栽培した。自分の庭に稀少で美しいチューリップを植えることは、ステータスであった。園芸家や愛好家たちの間で品種改良が盛んに行なわれ、いくつもの高級品種が生まれた。これらの高級品種を中心に、一六二〇年頃からチューリップの球根価格が高騰して行く。こうして、チューリップの球根が投機の対象になったのである。

一六三四年頃には投機熱はますます高まり、様々な階層の人々が球根投機に走った。当初、チューリップの球根は現物で取引されていたが、やがて現物の受け渡しは行なわれなくなった。先物取引が導入されたのだ。代金は手形で決済され、わずかな内金で球根に投資することができた。しかも、内金は担保として換金できるものであれば、貨幣でなくてもよかったという。これにより、資金がほとんどない庶民も球根投機に参加できるようになった。彼らのほとんどはチューリップそのものに興味はなく、チューリップは単に投機の対象であった。逆に、かつての愛好家や大商人は取引から手を引いて行った。

価格高騰に拍車がかかり、「ヴィセロイ」という高級品種では球根一個が牡牛四頭、豚八頭、羊一二頭、ベッド一台などを含めた一〇種類以上の財産と交換されたという。特に、その美しさと稀少性から珍重された最高級のチューリップ「センペル・アウグストゥス」には、六〇〇〇ギルダーという破格の値が付いた。これは当時の市民の二五年分の年収に相当したというから驚く。

売買が過熱するにつれ、球根の取引は居酒屋で行なわれるようになった。人々は、居酒屋で飲み食いしながら球根の売買を行なった。一日中、居酒屋に入り浸る客もいた。一方、居酒屋の方も投資家から酒代として三ギルダーを徴収し、おおいに儲けたという。真偽のほどは定かではないが、当時の人々のチューリップに対する異常な熱狂ぶりがわかる逸話もいくつか残されている。その一つに次のようなものがある。

あるイギリス人の植物学者が友人のオランダ人富豪の家を訪ねたところ、

ちょっと変わった「タマネギ」を見つけた。その変わった「タマネギ」に興味を持った彼は球根の皮をむき、さらに切り分けて、中身を観察した。それを見つけたオランダ人富豪は激怒した。その学者が切り分けた球根は、時価四〇〇〇ギルダーのチューリップの球根であった。学者はチューリップの球根を知らなかったのだ。学者は裁判で有罪判決を受け監獄に入れられた上、金貨二〇〇〇枚を支払うはめになったという。

オランダ中がチューリップの高騰に熱狂する中、崩壊の日は突然訪れた。一六三七年二月三日、チューリップ相場がついに暴落したのだ。買い手不在の中、価格を下げてもまったく売買が成立しない。ついには価格自体が付かなくなった。先物取引の過熱も事態の悪化に拍車をかけた。実際に球根を買う資金のない多くの買い手が取引に参加していたため、手形が不渡りとなり払いきれない債務を抱える人々が続出した。元々資金力のない人々は自宅や家財を担保にして取引していたため、すべてを失い借金だけが残った。債権者の方も資金はほとんど回収できなかった。債権者は債務の履行を求め裁判を起こしたが、多く

ヤン・ブリューゲルによる『A Satire of Tulip Mania』（1640年）。『チューリップマニアの風刺』と題されたこの絵は、チューリップに大枚をはたく投資家を上流階級の服装を身につけた猿として描いている。左下にはめずらしいチューリップの花壇が描かれている。

（Wikipediaより）

の債務者に支払い能力があるはずもなかった。

こうしてチューリップ・バブルはオランダに大混乱をもたらして幕を閉じた。その後長い間、チューリップは愚かさの象徴として国民から嫌われる花になってしまった。

バブル経済の語源となった南海泡沫事件

一八世紀に入ると、イギリスで空前の株式ブームが発生した。投資対象となったのは「南海会社」（サウスシー・カンパニー）という会社である。一七一一年にオックスフォードの伯爵で政治家のロバート・ハーレーによって設立された南海会社は、イギリスの財政危機を救うため、赤字国債の引き受け先として作られた会社である。南海会社には政府の債務を引き受ける代わりに、南米との独占貿易権が与えられた。引き受けた債務は貿易による利益で賄う目論見だったが貿易事業は振るわず、南海会社の存続自体が危ぶまれる状況であった。

追いつめられた南海会社は一七一八年に富くじ（宝くじ）の販売事業に乗り出し、これが大成功を収めた。さらに翌年には、イングランド銀行との入札競争の末、国債引き受けの見返りに額面等価の南海会社株の発行が認められた。そして、国債保有者に対して南海株との交換が持ちかけられた。その際の交換レートはそれぞれの額面で固定するのではなく、南海株の時価と国債の額面での交換とされた。

仮に額面一〇〇ポンドの南海株が二〇〇ポンドに値上がりし、その時点で南海株と国債を交換したとしよう。額面一〇〇ポンドの南海株は、（時価二〇〇ポンドなので）二〇〇ポンド分の国債と交換できる。差額の一〇〇ポンドが南海会社の利益になる。しかも、南海会社には交換した国債の額面と同額面の株式発行権があるため、この時点で発行できる南海株は額面二〇〇ポンド分となる。そのため、南海会社は額面一〇〇ポンドの南海株を国債と交換しても、額面一〇〇ポンドの南海株が手元に残る。手元に残った南海株は時価二〇〇ポンドだから、これを売却すれば二〇〇ポンドはまるまる、南海会社の利益になる。

こうして南海会社の利益が上がれば株価はますます上昇し、上昇した南海株を国債と交換することでさらに多くの株式を発行することができ、南海会社の利益がさらに上がるというからくりだ。これを繰り返して行けば敗者はいない。南海会社は儲かる。南海株保有者も株価上昇の恩恵にあずかる。南海会社に国債を引き受けさせた政府の債務も解消される。

政府保証の国債引き受け先という信用も手伝い、南海会社は瞬く間に人気化し、空前の投機ブームが訪れる。「スペインが植民地における自由貿易を許可するらしい。そうなれば南米ボリビアからイギリスに大量の銀が持ち込まれる」といった根も葉もない噂がいくつも飛び交った。

南海株を売り出すタイミングで、株価を吊り上げるトリックが次々と繰り出された。その一つが株を担保にした融資だ。持ち株一〇〇ポンドにつき二五〇ポンドもの融資を受けられたというから驚く。株を買えば買うほど多くの現金を手にすることができた。人々は値上がりした保有株を担保に融資を受け、その資金でさらに南海株を買い増した。その結果、株価はますます上昇した。また、配当率を一〇％に引き上げると発表したことで投機はさらに過熱して行った。このような絶妙のタイミングで繰り出されるトリックにより株価は吊り上げられ、数度にわたり大量に売り出された南海株はあっと言う間に売り切れた。「買うから上がる。上がるから買う」という状態で、株価はうなぎ上りに上昇して行った。

実はこの時の投機ブームは、南海会社に限ったことではない。当時、イギリスでは南海会社の成功を見て、多くのベンチャー企業が設立された。中にはまともな会社もあったが、その多くは「泡沫会社」と呼ばれる実体のないペーパーカンパニーであった。「永久運動を開発する会社」「毛髪の取引をする会社」「馬に保険をつける会社」「水銀を純金属に変える会社」等々、あやしげな会社が次々に登場した。挙句には、「おおいに利益になる事業をするのだが、それが何であるか誰にも知らせない会社」まで現れた。事業内容さえ発表せず、会社を設立したのは匿名の発起人というから呆れる。泡沫会社の経営者は、お金を集めるだけ集めて行方をくらました。泡沫会社に投資した人々の多くは、お金をまんまと騙し取られたのである。

投資家の資金が他の企業の株式に分散してしまうと、南海会社に投資される資金が減り南海会社株にとってマイナス要因になる。そこで、南海会社の経営陣は政治家に働きかけ、他社を規制する法律を作らせた。「泡沫会社法」と呼ばれる法律が制定され、国王の認可を受けないすべての会社は非合法とされた。これにより泡沫会社を含め多くの会社がとり潰された。資金の流れはいよいよ南海会社に集中し、株価は爆発的な上昇を見せた。一七二〇年六月二四日には、一〇五〇ポンドの最高値を付けた。南海株は、同年一月の一〇〇ポンド強から半年足らずで実に一〇倍に暴騰したのである。

しかし、それがピークであった。株価の上昇が止まると、それまでの活況が嘘のように、南海株の買い手はいなくなった。「株価は永遠に上がり続けるものではない」――この簡単な真実に気付いた投資家たちはようやく目を覚まし、そしてパニックに陥った。株価はすさまじい勢いで暴落して行き、同年九月には四〇〇ポンド、一二月には一〇〇ポンド近くにまで下落した。

資産を失った人々は怒り狂い、一部は暴徒化した。破産する者、自殺する者が相次いだ。ちなみに、アイザック・ニュートンも南海泡沫事件の渦中にいた。彼は南海株の上昇により一時は七〇〇〇ポンドの利益を上げたものの、その後、高値で買い戻してしまい、暴落により二万ポンドの損失を被ったのである。この時、ニュートンは「天体の動きなら計算できるが、人々の狂気までは計算できなかった」という彼ならではの名言を残している。

南海株を担保に融資していた銀行も大幅に担保割れした不良債権を抱えるはめになり、経営が悪化した。取り付け騒ぎが発生し、銀行は貸し渋り姿勢を強め金利が急騰した。この混乱はそう簡単には収まらず、信用の回復には数十年の年月を要した。そして、この事件が後のバブル経済の語源となった。

フランスの株式バブル崩壊事件「ミシシッピ計画」

実に不思議な符合であるが、イギリスで南海泡沫事件が発生したのとほぼ時期を同じくして、フランスにおいても株式バブルが崩壊する事件が起きている。しかも、これら二つの株式バブルはいずれも驚くほど似通った経緯をたどり、どちらもバブル崩壊という結末を迎えたのである。では、フランスで起きた「ミシシッピ計画」と呼ばれるバブル崩壊事件について振り返ってみよう。

事件の背景にあったのはフランスの財政悪化である。一八世紀初頭、フランスはルイ一四世の治世下における王族の浪費や多額の戦費により、巨額の財政赤字を抱えていた。しかし、フランス政府は地に足の着いた財政改革を行なうことはなく、国債を乱発し金や銀の含有量を減らす貨幣の改鋳を繰り返した。国民の生活が良くなるはずもなく、人々の不満が高まって行った。

このような状況の中、現れたのがジョン・ローというスコットランド人である。彼はルイ一五世に巧みに取り入り、紙幣を発行・流通させることを進言する。一七一六年、ジョン・ローは政府の許可を得て銀行を設立し、銀行券を発行した。当時、政府が発行する国債はまったく信用されておらず、金貨や銀貨についても改鋳が繰り返された結果、価格が不安定になっていた。そのような中、彼が発行した銀行券は人々に広く支持された。ローの銀行券の普及により国内の商取引は安定したため、ローの名声は高まった。そこでローは、元々温めていた計画を実行に移す。それこそミシシッピ計画である。一七一七年、彼は「ミシシッピ会社」という植民地貿易会社の経営権を入手した。実は、ミシシッピ会社は業績が振るわず、当時、誰も見向きもしないような会社であった。ではなぜ、ローはそのような会社を手に入れたのか？　彼の狙いは、ルイジアナなど米国におけるフランス植民地との貿易であった。

フランス政府は、北アメリカおよび西インド諸島との独占貿易権をミシシッピ会社に与えた。ローは、ルイジアナにおける金鉱探査などの開発が莫大な利益をもたらすことを巧みに宣伝した。ミシシッピ会社に対するフランス国民の期待はにわかに高まり、同社の株は爆発的な人気を集めた。政府とローは、政府債務を全額ミシシッピ会社の株式で買い上げることを企てた。国債の保有者に、国債でミシシッピ会社株を買うことを持ちかけたのだ。

これは、国債とミシシッピ会社株の交換に他ならない。当然、誰もがこの交換に応じた。今やまったく信用されていない国債に対して、収益期待の高いミシシッピ会社の株。投資家がどちらを選ぶかは明白であった。

政府とローの計画は見事に成功し、株価はますます上昇した。ミシシッピ会社株が飛ぶように売れる中、ローはミシシッピ会社の発行株数を増やした。さらに株式をローンで販売したり、保有株を担保にお金を貸したりした。

ミシシッピ会社の株価上昇に比例するように、銀行券の発行量も増加して行った。株価が上昇すれば株券の担保価値も上がり、融資できる金額も増えるからだ。人々は購入したミシシッピ会社株を買い増した。ローは元々、銀行に保管する金貨や銀貨の価値を上回る銀行券の発行を禁じていたが、銀行券の発行量はいつの間にか金貨や銀貨を大きく上回った。

一七一九年に五〇〇リーブルで売り出されたミシシッピ会社株は、翌一七二〇年には二〇倍の一万リーブルまで跳ね上がった。フランスは好景気に沸き立ち、物価も高騰して行った。

しかし、この常軌を逸した株価高騰やインフレに不安や不信を持つ人が現れ始める。彼らはミシシッピ会社株や銀行券を、金貨や銀貨に替えて国外に持ち出した。その不安や不信の感情は、人々の間にみるみる広がって行った。ミシシッピ会社株や銀行券を金貨や銀貨に替える人々が増えるにつれ、金貨や銀貨の不足があらわになって行った。ローは銀行券から金貨や銀貨への交換を制限したり、挙句の果てには金や銀の使用、所有を禁止してしまった。この愚策により、銀行券の信用は完全に失墜した。

経済が大混乱し、信用不安が高まる中、ついにミシシッピ会社株も暴落し始める。そして一七二一年には、五〇〇〇リーブルまで下落した。二〇倍に暴騰した株価は、二〇分の一に暴落したのである。ミシシッピ会社株に投資した人々は財産を失い、手元には借金だけが残った。人々の怒りの矛先はローに向けられ、ローはフランス国外に逃亡した。この時の混乱はその後の経済停滞を招き、それがフランス革命の一因になったと言われている。

アメリカ、ヨーロッパ……世界中で繰り返されるバブル

さて、「チューリップ暴落」「南海泡沫事件」「ミシシッピ計画」という三つのバブル事件を振り返ってみたが、これらは「世界三大バブル」として現代に伝えられ、私たちに多くの教訓を残している。

しかしその後、世界の人々はそれらの教訓を自分自身の行動に活かしているとは言い難い。これ以後も、世界中で幾度となくバブルの発生と崩壊が繰り返され、その後の経済の長期停滞や恐慌を招いてきたのである。

一八世紀後半のイギリスでは「運河バブル」が発生している。産業革命が始まった当時のイギリスでは、大量の物流を支えるために運河が盛んに建設された。次第に運河株への投資に注目が集まり、一七九〇年頃から「運河熱」（キャナル・マニア）と呼ばれる投機ブームへと発展して行った。しかし、多くの運河は十分な収益を上げることができず、配当を出すことができなかった。バブ

ルが弾けるのは必然であった。

その後、蒸気機関車の登場により運輸の主導権が運河から鉄道へと移ると、同じくイギリスで「鉄道バブル」が発生する。鉄道事業の成長期待から多くの鉄道会社が設立され、人々はこぞって鉄道会社株に投資した。投資は過熱し、鉄道路線が次々に新設された。中には収益期待の低い地方に敷設されたり、同一区間に重複して敷設される例もあったという。一八四六年には二七二もの鉄道会社の設立が認められた。しかし、それがピークであった。間もなくバブルは弾け、イギリスの鉄道事業は四大鉄道会社へと集約されて行った。

イギリスの鉄道バブルから少し遅れて一八六〇年代後半、米国で鉄道ブームが起きた。そして米国の鉄道バブルもまた、一八七三年には崩壊の時を迎える。

震源はオーストリア＝ハンガリー帝国の首都ウィーンであった。当時、ウィーンは万国博覧会の開催を控え、建設ラッシュに沸いていた。株や住宅への投資ブームが起こり、価格が高騰した。ところが一八七三年五月、いよいよウィーン万国博覧会が開幕すると、あろうことか株式市場は暴落を開始したのだ。多くの投資家が財産を失い、銀行の破綻が相次ぐなど、経済は大混乱した。

その影響はヨーロッパ各国に広がり、同年九月にはニューヨークのウォール街にもおよんだ。ついに米国の鉄道株は急落した。それまで米国経済を支えてきた鉄道事業への積極的な投資が一転、重荷となった瞬間であった。それを号砲にニューヨーク市場は全面的な暴落へと突入した。ニューヨーク証券取引所は一〇日間の閉鎖に追い込まれ、ほどなくして倒産、失業、債務不履行などの大不況の嵐が吹き荒れたのである。「一八七三年恐慌」とも呼ばれるこの大不況は、ヨーロッパおよび米国で一八七九年まで続いた。この大不況において特筆すべきはイギリスの存在感の低下だ。この不況に際し、第二次産業革命を推し進めた当時の新興工業国であるドイツや米国に押される形で、覇権国家としてのイギリスの地位は低下して行った。そして、この大不況はイギリスにおいては一八九六年まで実に二〇年以上も続いたのである。

一八七三年に始まった大不況は世界各国、とりわけイギリスにおいて深刻なデフレと低成長をもたらした。しかし、この「一八七三年恐慌」をはるかに上回る世界規模の大恐慌の影が近づきつつあった。

「狂騒の二〇年代」とフロリダ不動産バブル

一九二〇年代の米国は、「狂騒の二〇年代」と言われるほどの空前の繁栄を謳歌していた。第一次世界大戦中に軍需物資の輸出で莫大な利益を上げたことで米国経済は飛躍的な発展を遂げ、大戦後には疲弊したヨーロッパ列強に代わり世界最大の債権国となった。世界の経済・金融の中心はもはやロンドンではなく、ニューヨークへと移っていた。自動車、ラジオ、冷蔵庫、洗濯機などの家電製品が普及し爆発的な消費ブームに沸き立つ中、投機ブームに火がつくのもまた必然であった。

一九二〇年代における投機ブームはフロリダの不動産から始まった。一年を通じて温暖なフロリダの風土は、当時の米国社会を覆っていた楽観ムードにぴたりとはまった。モータリゼーション、ハイウェーの開通により北部の大都市からのアクセスが向上すると、フロリダの人気はいよいよ高まった。開発業者は別荘や老後の住宅用に土地の開発を進め、フロリダに移住する人々は増えた。

フロリダの土地は値上がりし始め、一九二〇年代中頃にはいよいよ投機が本格化して行く。差益を狙う投機であれば、土地取引に多くの資金を必要とはしなかった。土地価格の一〇％程度の資金で取引ができたのだ。残りの九〇％程度は実質的には借金であるが、投機家にとっては土地そのものが欲しいわけではないから、価格が上昇した時点で売却してしまえば何の問題もないわけだ。地価が上昇している限り、このレバレッジ（てこ）を効かせた取引は資金を殖やすのに極めて効率的であった。

一九二六年、フロリダの不動産ブームはついに崩壊の時を迎える。地価がどれほど高くなろうが次から次へと現れた買い手が、減り始めたのだ。フロリダの地価上昇を支えてきた「買いが買いを呼ぶ」好循環は止まった。それでも、多くの人々は事態を楽観していた。下落は一時的なもので、すぐにまた上昇すると考えていたのである。

しかし、人々の予想は見事に裏切られる。フロリダの不動産バブル崩壊を決定づけたのがハリケーンの襲来であった。一九二六年九月、巨大なハリケーンがマイアミを直撃したのだ。多くの人々が犠牲になり、家を失い、町は壊滅的な被害を受けた。もはや地価の暴落は必至であった。フロリダの不動産はすっかり売れなくなり、地価は瞬く間に暴落した。それまでの好循環はたちまち逆回転し、今度は「売りが売りを呼ぶ」悪循環が地価の暴落に拍車をかけた。

フロリダの住宅価格はピーク時から九〇%近く下落し、フロリダ経済に壊滅的な打撃を与えた。それでもこのバブル崩壊は米国経済全体に大きな打撃を与えるものではなく、人々の投機熱が冷え込むことはなかった。彼らの視線の先には、ニューヨーク株式市場があった。

ウォール街大暴落、そして世界恐慌へ

それまで比較的平穏な値動きを続けていた米国の株式市場が本格的な上昇を

開始したのは一九二四年のことである。当時のダウ平均株価は一〇〇ドル程度であった。そこから株価はぐんぐん上昇し、一九二五年には一五〇ドルを超え、一九二七年には二〇〇ドルの大台を突破した。その後、米国株はさらに上昇ピッチを上げ、ダウ平均株価は一九二八年には三〇〇ドルに達した。そして、一九二九年九月三日、ダウ平均株価は三八一・二ドルの最高値を記録した。一九二一年八月二四日に付けた六三・九ドルを起点に、約八年間で約六倍もの上昇を遂げたのである。

フロリダの不動産バブルと同様、このニューヨークの株式バブルにおいてもレバレッジを効かせた取引が盛んに行なわれた。投資家は信用取引を利用することで、買い付け代金の一〇％というわずかな資金を証拠金として払い込めば株を買うことができた。株価が上がり続ける限り、そのわずかな資金は大きな利益をもたらしてくれるわけだ。株価が上がり続ける限りは……。

一九二九年一〇月二四日、ウォール街を暴落の第一波が襲った。「暗黒の木曜日」（ブラックサーズデー）である。市場は取引開始から間もなく大量の売り注文に見舞われ、やがて売り一色となった。信用取引で過大なレバレッジをかけていた投資家の大量の売り注文が、暴落に拍車をかけた。なんと、この日だけで一一人の投機業者が自殺したという。

この日の午後にはウォール街の大銀行家たちが集まり、打開策を協議した。そしてＵＳスチール株をはじめ、いくつかの銘柄に大量の買い注文を出し、株式市場の買い支えを試みた。これにより市場はひと息ついたが、一時しのぎに過ぎなかった。週末にウォール街の暴落が全米の新聞で報道されると、週明けの市場は再び大量の売り注文を浴び、株価は暴落した。二八日のダウ平均株価は一三％近く下落し、終値は二六〇・六四ドルであった。

それでも暴落は止まらなかった。翌二九日には「暗黒の火曜日」（ブラックチューズデー）と呼ばれるパニックが発生した。それは前週のブラックサーズデーをも上回る壊滅的な株価の崩壊であった。取引開始直後から売り注文が殺到、投資家はパニックに陥った。取引所も大混乱に見舞われ、午後には閉鎖される事態となった。それでも約一六四〇万株という、空前規模の出来高を記録した。ダウ平均株価の下落率は一二％近くに達し、二三〇・〇七ドルでこの日の取引を終えた。

株価はその後もずるずると下げ続け、ダウ平均株価は一一月一三日に一九八・六〇ドルの安値に沈んだ。九月の最高値からわずか二ヵ月ほどで半値近くまで暴落したのである。その後、数ヵ月間株式市場は急激な反発を見せ、ダウ平均株価は一九三〇年四月一七日には二九四・〇七ドルまで上昇した。

しかし、それは相場の暴落時によく見られる一時的なリバウンドに過ぎなかった。ニューヨーク株は再び暴落を開始した。株価は時おり乱高下をくり返しつつ、奈落の底へと落ちて行った。そして一九三二年七月八日、ダウ平均株価は四一・二二ドルの安値を記録し、ようやく大底を打った。最高値からの下落率は、実に八九％に達した。この大暴落により、ニューヨーク株は三年弱で約一〇分の一になってしまったのである。

ニューヨークの株価暴落は深刻な不況をもたらした。工業生産が落ち込み、企業の倒産が増加、一三〇〇万人もの失業者が発生した。失業率は実に二五％

ニューヨーク証券取引所で株価が大暴落した「暗黒の木曜日」と呼ばれる 1929 年 10 月 24 日、米マサチューセッツ州の銀行に押し掛ける預金者たち。（写真提供：AFP= 時事）

に達した。銀行の経営も悪化し、不安に駆られた人々が自分の預金を引き出そうと銀行に殺到した。一万行もの銀行が閉鎖され、一九三〇年から一九三三年までの間に破綻した銀行は九〇〇〇行を超えた。

フルタイムからパートタイムへの切り替えなど、多くの労働者の収入は大幅に減り、生活は苦しくなった。それでも職に就いていた人はまだマシだった。失業者の生活は困難を極めた。収入がないわけだから、貯金が底をつけば生活は一気に行き詰まる。最後は自宅を手放さざるを得ず、ホームレスに転落する人が増加した。ホームレスとなった人々が掘っ立て小屋を建てて住んだ集落は、当時の大統領ハーバート・フーバーにちなんで「フーバー村」と呼ばれた。フーバーの無策に対する抗議の意味が込められている。

当時の世界経済は、米国経済への依存を強めていた。それもあって、株価暴落とその後の大不況は米国のみに留まらず、多くの国々に波及した。一九二九年から一九三二年までの間に、世界の工業生産は半減した。一九三二年末時点における世界の失業者は、五〇〇〇万人を超えたという。

世界を襲った「一〇〇年に一度」の危機

一九二九年の株式暴落以後、四半世紀にわたり株式市場は比較的平穏な状況であった。一九二九年の株式大暴落とその後の世界恐慌の衝撃があまりにも大きかったため、その後多くの投資家が比較的慎重な投資スタンスを取ったことが大きい。しかし、人間は忘れる生き物だ。やがてほとぼりは冷め、人々は性懲りもなく強気の投資姿勢に転じるのである。

一九八〇年代後半にはわが国で株式・不動産バブルが発生、一九九〇年代前半にバブルが崩壊した。その間、一九八七年には「ブラックマンデー」と呼ばれる世界的株価大暴落も発生している。またインターネットの登場を受け、一九九〇年代末からは「ＩＴバブル」が発生した。ＩＴ関連企業の株価が高騰したが、その後バブルは弾け株価は暴落した。このように世界恐慌以後も「バブル崩壊とその後の大不況」というパターンは、幾度となく繰り返されてきた。

そして二〇〇八年、いまだ記憶に新しい「リーマン・ショック」が発生する。「一〇〇年に一度」とも言われたこの金融危機は、サブプライムローン問題で経営の行き詰まったリーマン・ブラザーズの破綻が引き金となったが、その原因は二〇〇〇年頃に遡ることができよう。当時の米国はITバブルが崩壊し、さらに二〇〇一年にはニューヨーク同時多発テロが発生、景気に暗雲が立ち込めていた。そこで、景気を支えるべくグリーンスパンを議長とする当時のFRBは、急ピッチな利下げを実施した。二〇〇〇年当時、六・五%あった米国の政策金利は二〇〇三年六月には一・〇%まで引き下げられた。

この思い切った金融緩和により米国経済は息を吹き返したが、その一方で住宅バブルという副作用をもたらすこととなった。

住宅価格の上昇に伴い融資も盛んに行なわれ、サブプライムローンと呼ばれる低所得者など信用力の低い顧客向けの住宅ローンも増加した。サブプライムローンの普及は、住宅バブルをますます過熱させた。そして二〇〇四年六月、FRBはついに金融引き締めに転じた。一・〇%まで引き下げられた政策金利は、二〇〇六年には五・二五％まで引き上げられた。利上げにより住宅投資は冷え込み、住宅価格は下落に転じた。ついに住宅バブルは崩壊し、経済の歯車は逆回転を始める。

住宅ローンの延滞、焦げ付きが急増、当然のようにサブプライムローンも不良債権化した。ただ、当初はサブプライムローン問題が米国の金融システムに重大な影響をおよぼすと考える人は多くはなかった。サブプライムローンの残高は、住宅ローン市場全体から見れば十数％を占めるに過ぎなかったからだ。

しかし多くの人々の予想に反し、サブプライムローン問題は世界を揺るがす金融危機を引き起こした。なぜ、住宅ローンのごく一部を占めるに過ぎなかったサブプライムローンがかくも大きな問題になったのか？　その大きな要因はローンの「証券化」にある。ローン債権を住宅ローン担保証券（ＲＭＢＳ）や債務担保証券（ＣＤＯ）などの証券に加工し、世界の金融機関やファンドなどの投資家に販売したのである。ローン債権が焦げ付いた際、融資した銀行に集中するリスクを分散する狙いがあった。しかし、それが仇となった。分散したリスクがいざ表面化すると、そのリスクは世界中に拡散してしまったのだ。世界の多くの金融機関がこれらの証券化商品に投資していたため、証券価格が下落するとその影響は世界中におよんだ。

不良債権化したサブプライムローンは、世界の金融機関を次々に蝕んで行った。ヨーロッパを中心に多くの金融機関がサブプライム関連で巨額の損失を出し、経営危機に陥り、取り付け騒ぎも発生した。フランスでは、最大手銀行「ＢＮＰパリバ」が傘下のファンドの資金の出し入れを凍結した。この「パリバ・ショック」により、ヨーロッパの金融市場で信用不安が一気に広がった。二〇〇七年八月には、世界の株式市場は軒並み急落した。

日米欧の中央銀行は市場に巨額の資金供給を行ない、ＦＲＢは利下げに動いた。これらの対応により市場が落ち着きを取り戻しても、それは一時的なもので、一一月には世界の株式市場は再び急落に見舞われた。二〇〇八年が明けても、金融不安が解消されることはなかった。サブプライムローン関連の金融機関の損失はどんどん拡大して行き、破綻に追い込まれる金融機関が相次いだ。

そして、運命の九月一五日が訪れる。六一三〇億ドルもの巨額の負債を抱え米証券四位の「リーマン・ブラザーズ」が破綻したのだ。その衝撃は、それまでの一年間に発生した危機とは比べものにならないすさまじいものであった。世界の株式市場は大暴落に見舞われた。乱高下を繰り返しつつも二〇〇七年一〇月のピーク時に六三兆五〇〇億ドルあった世界の株式時価総額は、二〇〇八年一一月末には三一兆二〇〇〇億ドルへと半減した。当時の世界のGDPの約半分に相当する三〇兆ドルを超える資産が吹き飛び、景気は一気に冷え込んだ。雇用の悪化に加え、住宅価格や株価の暴落で多くの人々が破産に追い込まれた。住宅ローンや自動車ローンの返済に窮した人々は自宅を差し押さえられ、ホームレスへと転落した。世界恐慌の再来に対して、世界の人々は強く身構えた。

迫りくる巨大資産バブルの崩壊。世界恐慌は回避できるのか？

リーマン・ショックがもたらした未曽有の金融危機により、世界は深刻な景気後退に陥ったが、それでも全体としてはかつての世界恐慌ほどの落ち込みには至らなかった。各国が危機を封じ込めるため、空前規模の金融緩和と財政出動に動いたためだ。市場に巨額の資金が供給され株価は回復、なんとか世界恐慌の再来は回避できた。

しかし、その副作用は決して小さくない。その副作用こそ、バブルの再発だ。金融危機以降、世界の株式市場に投資マネーが流入し続けている。世界の株式時価総額はすでに金融危機前の水準を上回り、二〇一七年五月末には七六兆ドルを超え、過去最高を記録した。

また、日米欧を中心に先進国では利下げに加え、債券を購入して市場に資金を供給する大規模な量的緩和を行なったため、債券価格の高騰（金利の低下）を招いている。

株バブル、債券バブルだけではない。二〇一七年より日本人の間でも人気に一気に火がついた、ビットコインをはじめとする仮想通貨もバブルの様相を呈している。ビットコインの価格は、年初から一〇月中旬までで約六倍に値上がりした。中にはこの間、数十倍に暴騰した仮想通貨もある。

仮想通貨については取引規模から考えて、大暴落が起きたとしてもそれが恐慌をもたらすことは現時点では考えにくいが、油断はできない。仮想通貨は爆発的に利用者が増えており、今後も普及が進むことはほぼ確実だ。近い将来、世界経済を大きく揺さぶる火種になる可能性は十分あると考えるべきだろう。

株と債券を中心に世界は金融緩和バブルという状況にある。しかし、これら資産バブルが膨張する一方、実体経済は力強さに欠けると言わざるを得ない。成長率、インフレ率共に高まらず、金利も思うように上げられない低体温状態が続いている。

このような状況で世界規模の資産バブルの崩壊が起きたらどうなるか？　世界的な超低金利で金融緩和の余地がほとんどなく、金融危機対応に伴う財政悪化で財政支出を大幅に増やす余裕もない。大規模なバブル崩壊に対して十分な対策を取れなければ、世界恐慌を回避できる保証は、どこにもない。

第四章　元号が変わると戦争がやってくる

現実的シミュレーション――ソウルと平壌が消える日

二〇一九年五月、核戦争が起こる――。

その前年の九月九日、まさに北朝鮮が建国七〇周年を迎えたその日、同国の金正恩委員長は「米国への確固たる核攻撃能力を完成させ、米国の軍事力とわが軍の軍事力はついに拮抗した」と宣言。実際、北朝鮮は核弾頭搭載のICBM（大陸間弾道ミサイル）の大気圏再突入を記念日の直前に成功させ、さらにはデコイ（おとり）を撒き散らしてミサイル防衛システムをかく乱させるという、限りなく実戦を意識した発射をも成功させていた。

米国のドナルド・トランプ政権は北朝鮮の核保有を公式には認めなかったが、「北朝鮮のICBMは確実性や正確性に依然として疑問は残るものの、対象を米国本土の広範囲とすれば攻撃は可能」と判断。事あるごとに北朝鮮への軍事力行使をちらつかせ、実際に複数の軍事オプションをシミュレーションした。

七〇周年の建国記念日を盛大に祝った金委員長は、二〇一八年末に「核戦力を最大限に駆使してソウルを一気に占領し、南朝鮮（北朝鮮は韓国のことを『南朝鮮』と呼ぶ）を平定する作戦を立てろ」と指示を出す。

金委員長は焦っていたのだ。米軍が二〇一九年一〇月までに韓国烏山（オサン）空軍基地へ戦術核を再配備すると決定したためである。冷戦終了後では初めてとなる米国以外での核配備に対し、中露は当然のこと同盟関係にあるNATO（北大西洋条約機構）までも反対を唱えた。しかし、トランプ政権は朝鮮半島に冷戦（核による相互確証破壊）状態を作り出す以外に安定を保つことはできないと判断。他国の批判を押しのけて導入を決定した。さらには、二〇一九年中にも憲法の改正が確実視されている日本でも、二〇二一年を目処に米軍の戦術核を配備することが俎上に載せられている。

金委員長は、日韓に対して核による恫喝が効かなくなる事態を恐れた。それゆえ、核が再配備される前に南朝鮮を平定する必要性に駆られたのである。

かねてから金委員長は、イスラエルの核配備に教訓を見出してきた。その教訓とは、イスラエルが核兵器を保有したことによって中東の勢力図を激変させたことである。第一次中東戦争（一九四八年）の最中に建国されたユダヤ国家のイスラエルは、建国後も幾度となく周囲を取り囲むアラブ諸国から攻撃を受けた。その状況を打破しようとイスラエルは核武装を決意。秘密裏にフランスから核技術の提供を受け、一九六七年（推定）にイスラエルは核兵器を保有したと考えられている。そのイスラエルは現在、NPT（核不拡散条約）には加盟しておらず、核保有を肯定も否定もしていない。しかし、実質的には米国も認める核保有国だ。

イスラエルとアラブ諸国の関係は、イスラエルが実質的に核を保有してから劇的に変わることとなる。エジプトと戦った第二次中東戦争（スエズ危機）では英国の助けを受けて何とか辛勝したイスラエルだが、核保有の直後に自ら仕掛けた第三次中東戦争では、アラブ諸国を圧倒したのだ。

第三次中東戦争は、「六日間戦争」と呼ばれている。その名の通り、イスラエルと敵対したヨルダン、エジプト、シリアはすべて六日間以内に降伏した。圧倒的な勝利を収めたイスラエルは、シナイ半島、ゴラン高原、ヨルダン川西岸、ガザ地区を占領。自国の領土をそれまでの四倍にまで拡大させたのである。単独かつ短期間で圧倒的な勝利を収めたことに、世界中が驚いた。そして以降、イスラエルの中東における軍事的優位は現在も揺らいでいない。イランなどが西側の反対を押し切って核兵器の保有を目論んでいるのは、敵国イスラエルへ対抗することが最大の目的である。

前述したように、北朝鮮の金委員長は中東に核が出現したことによって勢力図が激変したことをモデルケースとしてきた。朝鮮半島でも核保有による勢力の激変を再現しようというわけである。

金委員長の指示に対し、朝鮮人民軍は「まず南朝鮮と主権を争っている西海（黄海）五島を奇襲により占領した後、日米韓同盟が反撃すれば即座にソウルと東京を核攻撃すると恫喝。すると米韓軍は攻撃をためらうため、あらかじめソウルに送り込んでいた偵察総局（特殊部隊）の破壊工作と共にＤＤｏＳ（サイバー攻撃。主要インフラネットワークに対する大量のサービス妨害）を仕掛け青瓦台《チョンワデ》を制圧。三〇万人を動員し、作戦開始から七二時間以内に漢江以北と仁川空港を占領、委員長主導の社会主義国家の樹立を世界に向けて宣言する」と金委員長に進言。金委員長は深く考え込んだ後に相槌を打ち、「時期を見計らおう。準備を急げ」と満足げに返事をした。

事態が緊迫化しつつある二〇一九年三月、米韓軍は定期的な軍事演習フォール・イーグルを過去最大の規模で実施する。演習には米軍二万人、韓国軍三〇万人が参加し、航空母艦を朝鮮半島の両岸に配備した。また中国による台湾や尖閣諸島への侵攻を防ぐために東シナ海にも空母を配備、いつ実戦が起きても対応できる体制を敷いたのである。

フォール・イーグルが始まって二週間後、平壌の内情に精通したハングルを操る米CIAの中国人エージェントが「北朝鮮が何かしらの奇襲を計画している」との情報を察知。時を同じくして米NSA（国家安全保障局）のエシュロン（アメリカを中心に構築された軍事目的の通信傍受システム）も北朝鮮が借りている中国のネットワークから通信を傍受。これにより、トランプ政権は極めて確度の高い情報だと判断。トランプ大統領はこれを北朝鮮に打撃を加える絶好の機会だとし、軍事行動に慎重なジェームズ・マティス国防長官やハーバート・マクマスター大統領補佐官の説得にかかる。それでもイラク戦争に参加した経験をもつマクマスター氏が一貫して軍事行動に反対したため、大統領は同氏を解任。代わりにネオコン（新保守主義派）の急先鋒として知られ先の対イラク戦争を主導したジョン・ボルトン国連大使を任命した。以前から北朝鮮の体制転換を訴えてきたボルトン氏はトランプ大統領の計画を支持、マティス国防長官と共に北朝鮮が奇襲を仕掛けた場合に徹底的な打撃を加える作戦の策定に入る。

トランプ大統領が唯一懸念したのは、中国の動向であった。米国が北朝鮮に反撃したことで中国の参戦を促し、ひいては米中が全面戦争に突入する事態だけは避けたいというのが大統領の本音である。悩むトランプ大統領に中国共産党と太いパイプを持ち、米中の国交正常化に尽力したヘンリー・キッシンジャー元国務長官がある助言をした。それは「中国と密約を交わせ」というものである。

キッシンジャー氏は二〇一七年八月に中国共産党の機関紙である人民日報の傘下、環球時報が社説で「もし北朝鮮が米国領を威嚇するミサイルを発射し、報復を招いたのなら中国は中立を保つ」と論じていたことに着目。ミサイルでなくとも北朝鮮が何かしらの奇襲（先制）を仕掛ければ中国は中立を保つ可能性が高いと指摘。トランプ大統領に対し、中国の習近平国家主席と取引するよう迫った。その結果、トランプ大統領は対中ホットライン（緊急回線）で中国と密約を交わす。その内容は以下の通りだ。

・北朝鮮の先制に米軍が反撃を加えても中国は中立を保つ
・米軍が行使する軍事力には、最終手段としてB2ステルス爆撃機による核攻撃も含まれる
・米軍は金正恩を除去した後の朝鮮半島から撤退する。ただし在日米軍は撤退しない
・統一も含めて半島の将来像に関しては、米中にロシアを加えた三ヵ国で協

・上記の三ヵ国協議を材料に、中国がロシアに米軍の反撃を黙認するよう説得する

密約は同盟国である日本と韓国の意向を完全に無視した内容であったが、情勢が緊迫する状況下、トランプ大統領は「自国への脅威を取り除くこと」を最優先させるほかなかった。密約に核兵器の使用まで含ませたのは、マティス国防長官が数年前からほのめかしてきた「ソウルに重大危機をもたらさずに北朝鮮を取る軍事オプション」がまさに核による焦土化だからである。

北朝鮮は三八度線付近に一時間で約五〇万発もソウルに打ち込める能力（砲兵部隊）を有しているばかりか、多くの移動式ミサイル発射台（ＴＥＬ）を保有しており、米軍の打撃力をもってしても通常戦力だけでこれらを無力化することはできない。マティス国防長官をはじめとした米軍の制服組は、自ずとその能力を即座に無効化するには最新Ｂ61―12核弾頭四発を初期の段階で投下するしかないと考えた。しかも、昔と違って米国の世論も核兵器の使用による敵

性国家の除去を渋々ながら容認している（二〇一七年八月に行なわれた調査では、大多数の米国人が「核攻撃を行なわなければ大勢の米兵が犠牲になる状況では核攻撃を認める」と答えている）。

一方、中国にとっても米国との密約は苦渋の決断であった。中国は緩衝地帯としての北朝鮮の役割を重視しており、北朝鮮が平和裏に核を保有することについては黙認の姿勢をとってきた。しかし、時を追うごとに北朝鮮の挑発が増して行く状況下では米軍の先制攻撃もあり得るばかりか、近年の中国世論は「北朝鮮とは距離を置くべき（同盟を解消すべき）」という声が多数を占めている。正確に言うと一党独裁である中国に世論というものはないが、近年ではネットが発達したこともあり、習政権はネット世論に敏感だ。ネット世論が圧倒的に北朝鮮との友好を望んでいないこともあり、王毅外相（当時）は二〇一七年九月の国連総会で米国のキッシンジャー氏にこう伝えている――「米国の予防的な外科手術式（金委員長と周辺の幹部のみを除去する）攻撃には、中国政府は外交的な手段で反対するだけだ」と。

ただし、中国共産党としては金委員長の除去は容認できるものの、米軍の核攻撃によって中朝国境地帯が放射能で汚染される事態だけは御免だ。それでも最終手段として米軍による核の使用を認めたのは、トランプ政権が在韓米軍の撤退を確約したためである。

まさに米中にとって世紀のビッグ・ディールであった。中国によるロシアの説得も成功し、中国人民解放軍はそれまでも建設を進めてきた中朝国境付近の核シェルターのさらなる増設を進める。また、中国中部の黄海と西朝鮮湾に近い渤海北東部に常設軍としては世界最大を誇る防空大隊を配置。紅旗6地対空ミサイルなどを大量に配備し、北部戦区の全部隊に一級戦備態勢（全面戦争態勢命令。標的に即座に攻撃を加えられる態勢）を発令した。

事態はフォール・イーグル（米韓合同軍事演習）が終了した後に動き出す。演習後も、米軍の空母三隻は朝鮮半島を取り囲んでいた。当然、日本列島が第四の空母という位置づけである。

北朝鮮の金委員長は「中露が裏切ることはない。ましてや核兵器を保有した今、(反撃も含め)米韓が攻撃してくる可能性はない」と判断。五月二〇日の深夜二時にソウル平定作戦を実行に移すよう発令した。

五月二〇日深夜二時、突如として朝鮮人民軍が西海五島に侵攻を開始する。韓国軍が砲撃で迎え打つも、圧倒的な人員を誇った人民軍が五島の住民(韓国籍)を捕虜として拘束した。こうなると韓国軍はうかつに手を出せない。

そして朝五時、北朝鮮国営の朝鮮中央テレビではチマ・チョゴリを着た李春姫《リ・チュンヒ》アナウンサーが重大宣告として全世界に向けてこう言い放った――「南朝鮮が不当に領有権を主張していた西海五島はたった今、我が人民軍が支配下に収めた。これに対し、米韓日が反撃を加えようとすれば、その兆候が見えた時点で、我が人民軍は金委員長の号令の下、ソウルと東京に核弾頭を投下する。当然、核弾頭はニューヨークにも照準を合わせている。米韓日が反撃しようとした瞬間、これらの都市は例外なく火の海と化すだろう。これは警告ではない。朝鮮民主主義人民共和国は今、戦時体制にある」。

日米韓を始め、世界に激震が走った瞬間であった。その直後、中朝国境付近やソウル市内にあらかじめ潜伏させていた偵察総局が主要インフラを目標にした破壊工作を開始。同時に北朝鮮は、韓国の沿岸地域に機雷を敷設して海上交易ルートを遮断。さらには朝鮮コンピューター・センター（KCC）出身のハッカー集団による基幹サイバー・インフラへのDDoS攻撃が始まる。この時点で、北朝鮮の金委員長はほとんど被害を出さずに青瓦台を制圧できると確信していた。

しかし、ここで大きな誤算が生じる。米韓軍は北朝鮮の奇襲をさらなる大きな攻撃の前触れだと判断し、朝鮮中央テレビの放送後すぐにあらかじめ用意していた避難作戦（NEO）を発令したのだ。

計画の立案者は米国のエリザベス・コードレイ国防次官補代理。コードレイ氏は北朝鮮が六回目の核実験（二〇一七年九月）を実施して以降、在韓米軍の第一九遠征司令部をたびたび訪問し、NEOの見直しと点検を繰り返してきた。

NEOの具体的な中身は、まずソウル市民の漢江以南への緊急退避、そして韓国に在住する外国人（四万の日本人、一五万の米国人、一〇〇万の中国人）の国外退去もしくは漢江以南への緊急退避、そして米軍の家族や関係者を二四時間以内に在日米軍の嘉手納基地へ輸送することである。当然、青瓦台にいた文在寅《ムン・ジェイン》大統領は米韓軍が真っ先に保護、釜山に避難した。

北朝鮮は日米韓の避難行動に驚愕する。退避は攻撃の予告と受け取れるからだ。しかし、それでも金委員長は核の恫喝が効いているとし、もぬけの殻になった青瓦台を占領した後、軍にさらなる南進を命じる。

北朝鮮の作戦開始からおよそ四八時間後の二二日深夜〇時過ぎ、米グアムのアンダーソン空軍基地から核兵器を搭載した超音速戦略爆撃機B1―Bランサー二機が飛び立った。途中、沖縄の米軍基地から六機のF―15C戦闘機が護衛のために合流する。「死の白鳥」と呼ばれるこのランサーの最高速度はマッハ2だ。アンダーソン空軍基地からおよそ二時間で日本海の北方限界ライン（NLL）に到達する。目的は、ずばり核弾頭の投下だ。

ランサーの発信を探知した金委員長は、いつになく逆上した反応を示す。米軍の先制かと恐れたが、感情的になっている金委員長は戦略ミサイル部隊に以下のような通達を出す――「準備が出来次第、短距離弾道ミサイル（スカッド）を南朝鮮の釜山、準中距離弾道ミサイル（ノドン）を在日米軍三沢基地、横田基地、横須賀基地、座間基地、嘉手納基地に向けて発射せよ」。

死の白鳥が飛来する約三〇分前に北朝鮮から日韓へ向けてミサイルが放たれた。日本各地ではＪアラート（全国瞬時警報システム）が鳴る――「北朝鮮より在日米軍〇〇基地に向けてミサイル数発が発射された模様です。頑丈な建物や地下に避難してください。これは訓練ではありません。北朝鮮より在日米軍〇〇基地に向けてミサイル数発が発射された模様です。頑丈な建物や地下に避難してください」。テレビには警報と共に、対象の地域が表示されている。地域があまりに広かったため、多くの場所で混乱が生じた。

結果的に韓国ではＴＨＡＡＤ（終末高高度防衛システム）が、そして日本ではイージス艦とＰＡＣ―３（地対空パトリオット・ミサイル）がすべてのミサイルの迎撃に成功。被害はミサイル破片の降りかかった基地周辺と海域に限定された。

そしてその直後に、平壌とソウルが消滅する。トランプ政権が、核兵器による汚染を承知で平壌とソウルの焦土化を決意したのだ。ソウルに関しては特殊部隊を送り込むことを最後まで検討していたが、「ソウルを奪還しても北朝鮮のさらなる報復に遭う」と判断、ソウルには北朝鮮の軍人しかいないことから、ソウルに対しても核の使用を判断したのである。

そして、合計で四発の核弾頭が投下され戦争が事実上終結した。金委員長および司令官たちは地下壕で死亡、ほとんどの兵器が破壊され、北の死者は数十万人に達し、更なる攻撃を恐れた北朝鮮の人々が中朝国境に向けて避難を開始することとなる。

戦争の終結後、米中露にオブザーバーの日韓を含めた協議が幾度となく実施され、最終的に朝鮮半島には韓国と中国が主導する国家資本主義体制が設立された。かつて北朝鮮があった場所は、除染後に経済特区を創設し、西側の投資も呼び込んで中国流の復興を推進。とりあえずの目標は、二〇三二年にオリンピックを誘致することである。

北朝鮮ミサイルの到達可能範囲

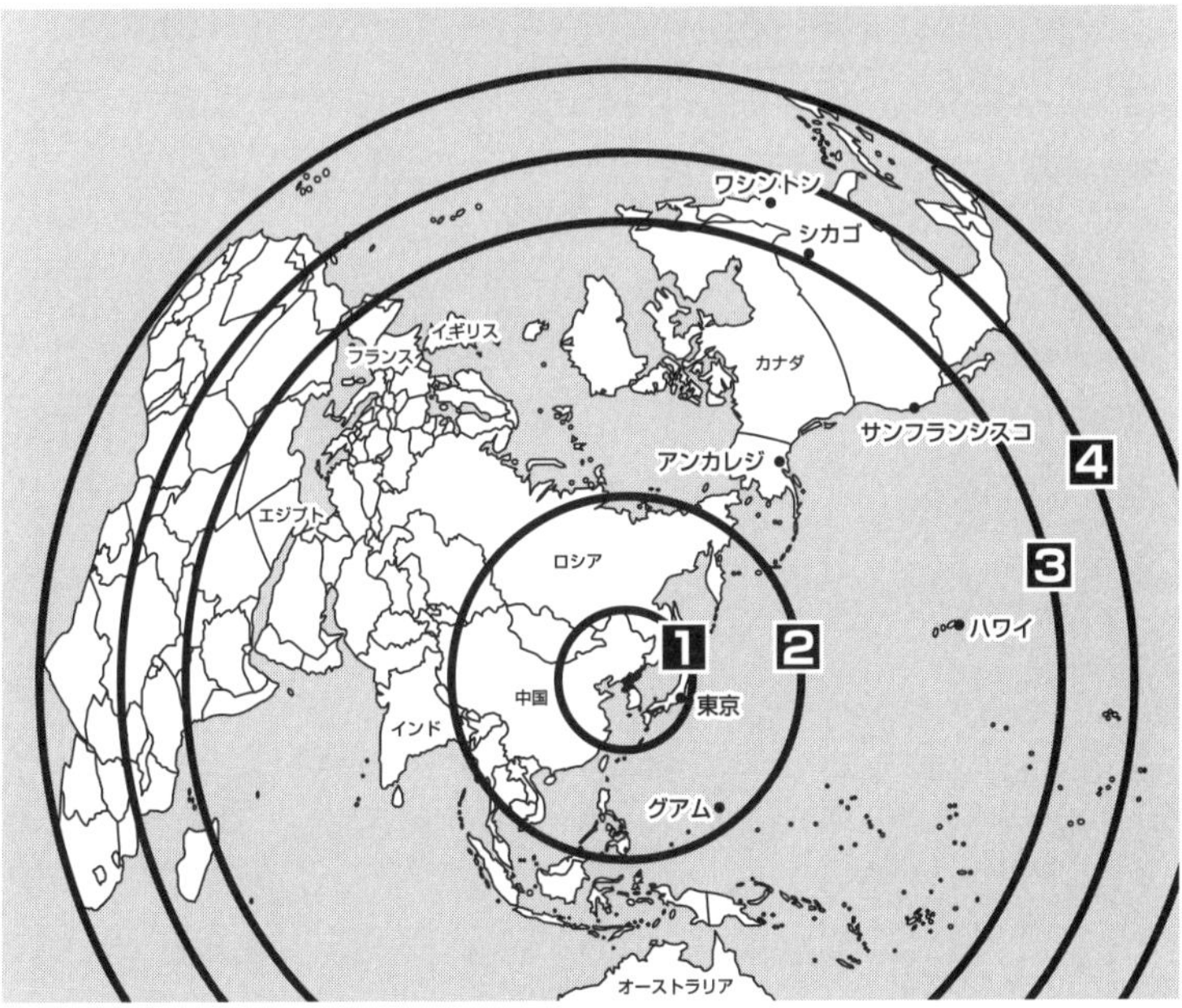

	ミサイル名	種類	射程
1	ノドン	準中距離	1500km
2	ムスダン	中距離	4000km
3	火星14	大陸間	1万km超
4	KN-08	大陸間	1万1500km

戦略国際問題研究所、韓国国防省、アトミックヘリテージ財団、米科学者連盟、米空軍大学、ブルームバーグのデータを基に作成

米中が事前に約束した通り韓国から米軍が撤退、代わりに中国と朝鮮半島は同盟関係を結んだ。在日米軍は残ったものの、トランプ政権は日本政府に防衛費のさらなる負担を要求。ＧＤＰ（国内総生産）の一％程度であった国防費の倍増を強いられた。増額分は、消費税二％に相当する。

二〇一九年六月に憲法を改正して専守防衛を脱却した日本からは朝鮮半島の脅威は去ったものの、今度は大陸（中国）の脅威に晒されることとなった。当然、社会保障と軍事費の加速度的な膨張により国民には重税が課せられる。すると自然に、「国家（日本）の在り方」についての議論が活発になされるようになった——。

＊　＊　＊

さて、このシナリオは私が英エコノミスト誌（二〇一七年八月五日号）を参考に構築したものである。読む人が読めば、このシナリオにはツッコミどころが多々あるだろう。ただしエコノミスト誌が指摘しているように、いかなるシナリオであれ核戦争は実際に起こり得る（このエコノミスト誌は、別なシナリオで核戦争を警告している)。

このシナリオを通して私がもっとも伝えたいことは、平成が終わるタイミングで日本の安全保障を巡る環境も激変を強いられるということだ。対外環境もそうだが、憲法など国内の環境も大きく変化することだろう。

平成という時代はその文字通り、冷戦が終了するなど世界的にもまれな平和な時間であった。しかし、ここに来て世界の地政学は再び激動期を迎えている。とても残念な話ではあるが、次の元号の時代に日本は相当に厳しい地政学的な立場に置かれる可能性が高い。防衛費の負担という点でもそうだ。何でもかんでも米国におんぶに抱っこで良いという時代は確実に終わろうとしている。果たしてその覚悟が今の日本人にできているかというと、正直なところ心許ない。

平成デフレはインフレに変わる

ここからは、次なる経済危機の話をしたい。これは誰もが感じていることだと思うが、平成は最初から最後までデフレの時代であった。平成に生まれた若者は物心ついたころからデフレが定着していたこともあり、バブルやインフレと聞いても正直ピンと来ない。バブルやインフレを体験した世代でも、それはすっかり過去の話となってしまった。

しかし、次なる元号の時代は再びインフレの時代となることが予想される。それも相当に過酷なインフレが席巻する可能性も否定できない。人間は往々にして、目の前の環境がこの先も長きにわたって続くと錯覚する。これは仕方のないことだ。しかし、トレンドは時に激変する。

国際決済銀行（ＢＩＳ）によると、政府と民間を合わせた世界全体の債務は二〇一六年時点で一五九兆六〇七〇億ドル、日本円にして約一京八〇〇〇兆円に達した。まさに天文学的な数字である。問題はその増加率だ。同じくＢＩＳによると、直近一〇年間の増加率は六三％とその間のＧＤＰ増加率である四七％を大きく上回っている。このトレンドは絶対的に持続可能ではない。

なぜ、問題が表面化しないのか？　それは、世界中で低金利政策が実施されてきたからである。

ニューヨーク連銀のレポートを引用した米ウォールストリート・ジャーナル（二〇一六年五月二六日付）の記事によると、二〇一六年三月末の時点で世界の債務残高（家計、金融を除く企業、政府）は対ＧＤＰ比で二四二％に達し、二〇〇八年の二二一％から加速度的に増加した。しかし驚くべきことに、債務は増えたものの昨今の低金利によって各国の利払い費は減少に転じている。同期間に世界の利払い費（対ＧＤＰ比）は一一％から七％へと減っているという。

とりわけ低金利の恩恵を受けているのが日本だ。記事はＪＰモルガンの試算として、日本の債務残高（家計、金融を除く企業、政府）は対ＧＤＰ比で四〇〇％に上ると指摘（断トツの世界一位だ）。しかし、金利コスト（利払い費）は対ＧＤＰ比で二％に過ぎず、世界各国の中でも特に少ないという。その上で記事は、低金利がこの先も非常に長く続く可能性はあるものの「永久に持続するものではない。これこそが世界経済がどこかの時点で直面するリスクだ」（ウォールストリート・ジャーナル　二〇一六年五月二六日付）と断じた。

最近では、長引く低金利を利用した「財政赤字容認論」まで台頭している。こうした論調も、直近のトレンドが永続的だという錯覚に基づいており極めて危険だ。地政学リスクの高まりを勘案すれば、中東のエネルギー危機や戦争による供給不足（インフレ）は容易に起こり得る。仮に、何かしらの事情で世界的な供給制約が生じれば、中央銀行はインフレを抑制するために政策金利の引き上げに動かざるを得ず、各国の財政に多大な問題が生じかねない。それでも中銀が財政従属（物価を安定させるために金利を上げなければならない状態にも関わらず、政府の利払い負担を軽減するためにあえて金利を低い状態に保つ行為）を続ければ、待っているのは過酷な自国通貨安だ。すなわち、どの道インフレへの扉が開かれる。

「好景気と低インフレの共存がいつまでも続くわけがない。（中略）このまま景気後退局面に入った場合は、ある種のヘリマネ政策に突き進む懸念がある」（英ロイター二〇一七年九月一五日付）。元日銀理事の早川秀男氏（現富士通総研エグゼクティブ・フェロー）は、このように指摘し、将来の景気後退に備え今のうちにマクロ経済政策を刺激から中立に戻すべきだと現在の日銀に要求した。まったくの同意見である。欧米の中銀が異例とも言える金融政策からの脱却を図っている状況下、日銀だけは周回遅れの様相だ。日米欧の景気循環から見ても景気後退（リセッション）は目前に迫っており、そうなった場合、すでに金利の引き下げ余地がない日銀はより過激な政策を（あくまでも政治的に）余儀なくされる恐れがある。

内閣府が発表している景気動向指数（二〇一七年六月の値）によると、二〇一二年一二月に始まった今回の景気拡大局面は五五ヵ月に達した。これが同年九月まで継続すれば、いざなぎ景気（一九六五年一一月〜七〇年七月）の五七ヵ月を上回る。すなわち、アベノミクスは戦後で二番目に長い景気拡大になるというわけだ。

言い換えると、リセッション入りがそう遠くない将来に迫っている。日本における戦後最長の景気拡大期は、二〇〇二年一月〜二〇〇八年二月までの七三ヵ月だ。アベノミクスがこれを更新する可能性も否定できないが、それでも現時点からおよそ二年以内にはリセッションを迎えるだろう。

一方、米国の景気拡大局面も過去最長が視野に入った。同国の景気拡大は二〇一七年七月から九年目に突入し、これが二〇一九年七月まで続けば一〇年一ヵ月となり過去最長を更新する。だからこそ、米連邦準備制度理事会（FRB）は次なる景気後退に備え金融政策を正常化し、景気後退の際に緩和できる余地を確保しようというわけだ。そうした姿勢が日銀にはまったく見られない。

一九八〇年代後半も似たような局面にあった。一九八七年九月に米国が主要国では最初に金融政策を引き締めブラックマンデー（米国発世界同時株価暴落）を誘発、次に一九八八年に欧州（ドイツ）が利上げ、そして最後に日銀が利上げし、結果的にバブルが破裂している。二〇〇〇年代にも同様の流れとなり、サブプライム・バブルが崩壊した。

現在も例に漏れず、FRBが最初に利上げをし、ECB（欧州中央銀行）がそれに続こうとしている。しかし、日本だけはいまだに利上げの〝り〟の字も議題に上がらない。（利上げできないのは）インフレ率が低迷しているからと言われればそれまでだが、もはや日銀は政府を支援するために低金利を敢えて長引かせているのではないかと首を傾げたくもなる。

先に示したように、ＦＲＢの利上げ（に続く日欧の利上げ）は世界的なバブルを弾けさせてきた。そして、次にバブルが弾けリセッションに突入した際に金融政策の融通がもっとも利かない国は日本である。前出の早川氏が言うように、いよいよヘリコプター・マネーなどの過激な政策が俎上に載ったとしても不思議ではない。

話を少し戻すが、景気循環の観点からしてもリセッションが目前に迫っている段階で、低金利を武器に政府債務を増やせという意見は非常に危険だ。ただでさえ、世界全体の債務は成長を上回るペースで増えている。

時には、ＩＭＦも「高水準の債務を抱える国について、債務返済を優先することで生じるリスクもある」（ロイター二〇一五年六月三日付）と成長派（債務を増やすことによって成長を促し、結果的に債務残高のＧＤＰ比を低下させよと提言するグループ）を擁護したこともあった。ＩＭＦは二〇一五年六月二日に発表した論文で、「一部の国については債務削減より経済成長政策を優先すべきだ」（同前）と断言、各国に総じて債務削減を促してきたそれまでの主張を覆したのである。

しかし、IMFは例外を設けた。IMFの論文はすべての国が債務削減計画を停止すべきだと言っているわけでは決してなく、二〇一四年の米ムーディーズの分析チャートを基に、「債務削減を急ぐ必要がない国」とそうでない国を明確に線引きしたのだ。

IMFが「削減を急ぐ必要はない国」（成長を加速させる歳出増の余力がある国）として挙げたのが、（余裕がある順に）ノルウェー、ニュージーランド、オーストラリア、デンマーク、ドイツ、そして米国などの二一ヵ国。次に「債務状況を注視すべき国」（警戒すべき国）として、ベルギー、フランス、スペイン、アイルランドという四ヵ国を列挙。そして、「大きなリスク（重大なリスク）に直面している国」としてポルトガルを挙げ、最後に「深刻なリスク」に直面しているため債務を削減すべき」国を列挙した。それはキプロス、ギリシャ、イタリア、そして日本の四ヵ国である。しかも日本は、この四ヵ国のなかでもっとも危険性が高いと判断された。

常識的に考えればわかるが、対ＧＤＰ比で二五〇％もの政府債務を抱える国がさらに借金を増やして良いはずがない。幸いにも日本国債のそのほぼすべてが自国通貨建てであり、理論上は永久的に低金利（国債価格高）政策を続けることができる。

しかし、たとえ国債が暴落せずとも日銀券（日本円）の信認に関してはそうは行かない。低金利政策を拠り所にしてこの先も財政出動を繰り返し（財政再建を反故にし）続ければ、日本円は必ず暴落の憂き目に遭うであろう。

「愚者唯楽其極、智者先懼其反（愚者はただその極まるを楽しみ、智者は先ず其の反らんことを懼る）」これは中国・明代の哲学者である呂坤が記した処世術「呻吟語」の一節で、おおよその意味は「愚かな人は、今の幸福（繁栄）を当然のものと考える。しかし、智恵ある者は今の幸福を有難いと感謝しつつ、何よりもまずそれが反転することを危ぶみ、慎重にする」のである。

私たちは、今一度「世界的な低金利がそう長くは続かない」と肝に銘じるべきだ。人工的に（金融緩和によって）もたらされたこの平穏は、いつか確実に終焉を迎える。先進国の債務問題は第二次世界大戦直後よりも悪化しており、一部の国家は金利上昇に耐えられそうもない。世界的な低金利局面が終焉すれば、日本やユーロ圏の一部高債務国の危機を皮切りにソブリン・クライシス（国家債務危機）の嵐が世界中を襲うだろう。

平成と共にデフレの時代は終わりを迎え、次の元号では財政インフレが大きなトレンドとして出現する可能性が高い。繰り返し主張するが、景気拡大局面は確実に終焉に向かっており、次なるリセッションは目前に迫っている。しかも、当局に残された手段はほとんどない。すなわち、私たちには最悪とも言える事態が待ち構えていると考えられる。

第五章　改元時大変動を生き残るために

日本はこれから激動のサバイバルに突入する

この本を手に取った読者は、「元号が変わると恐慌や戦争が来るなど、迷信や眉ツバの類ではないか」と思われたのではないだろうか。しかし、ここまで歴史の流れを追って見てくると、それが単なる偶然の巡り合わせではなく、必然的に起こるべくして起こったことであると認めざるを得ないだろう。そうなると、次の改元は極めて重大な注意を払わねばならない。まさに大恐慌に向かう、わかりやすい明確なシグナルとして意識しなければならないということだ。

私はかねてから、日本の国家破産に警鐘を鳴らしてきたが、ことここに来ていよいよそれが現実化する時期が迫っているという危惧を強く抱いている。なぜなら、次に世界的な恐慌がやって来れば、天文学的な借金にまみれた日本の財政に致命的な打撃を与えるからだ。そしてそれは、改元から一年後の二〇二〇年、東京オリンピックに前後して訪れるだろう。深刻な経済停滞に株価の大暴落、また遅れて地価の暴落も起きれば、政府はなりふり構わず経済対策に乗り出さざるを得なくなる。さらなる国債の発行と日銀による引き受けはいよいよ限界に達し、ある日突然そのツケを払わされることになる。

それはまず、日本円の価値暴落という形で現れるだろう。こうなると、そこからはあっと言う間に最悪の事態になだれ込むことになる。度重なる為替介入にも関わらず円安は加速、輸入物価を中心に急激なインフレが進行する。国債も現物は日銀が買い支えるかもしれないが、先物売りが加速しサーキットブレーカーが頻繁に作動するようになる。金利の急騰が国民生活に大打撃を与え、財政も立ち行かなくなる。そして二〇二五～二六年頃には、いよいよ事実上の財政破綻と苛烈な徳政令、ハイパーインフレの嵐が日本中を呑み込むだろう。

こういう事態になってから何か手を打とうとしても、もはや完全に手遅れだ。サバイバルの対策を打つならば、現在のようなまだコトが起きていないうちから粛々とやるしかない。私の本を何冊か読んだことがある方なら、その対策の要諦をすでに掴んでいることだろう。あるいは、もう一通りの対策を講じているかもしれない。もちろん、対策に万全を期していただくことは生き残りのために極めて重要なことだ。しかし、本書ではそれに加えて今一歩踏み込んだ話をしたい。なぜなら、それらの対策は私に言わせればあくまで「最低限の備え」でしかないということだ。

サバイバル対策を打たずにこれからの時代を迎えるのは論外だが、私は〝生き残り対策〟という最低限の準備に加えて、もう一歩先んじた対策を講じることこそ本当の意味での生き残り法だと考える。それは、恐慌を経由し国家破産に至る一連の激動のうねりの予兆を「いかにして捉え」、コトが起きたら「いかに状況を逆手に取る」か、ということだ。つまり「財産防衛」という守りのサバイバルだけでなく、「凶事を転じて吉事となす」という「攻めのサバイバル」だ。

では、経済学の専門家でも相場のプロでもないあなたが本当にそんなことができるのか？　ハッキリ言おう。本当にやる気があり、周到な準備をすればそれは「可能である」。そのためには「できない」という思い込みの呪縛から思考を開放して、適切な時期に適切な行動をとれるように準備をすることが必須だ。

「攻め」のサバイバル法――「ピンチはチャンス」の思考法

ではまず、恐慌を逆手に取る思考法を見て行こう。物事には、必ず裏と表がある。経済の世界でも一緒だ。大恐慌といえば、あらゆるものの値段が暴落し、金融機能が壊滅的な打撃を被り、運用している資産も著しく毀損するというイメージが強いが、たとえ世界恐慌のような大パニックが到来しても、世界中の資産が一瞬にして消えてなくなるわけではない。実態は、すさまじい勢いで大量のマネーが「ある方向に動く」だけで、それが平時には大多数の人が想像すらしない方向であるため、パニックとなるだけなのだ。

そして実は、世界恐慌や国家破産といった非常事態においても、資産を手堅く守るだけでなく大きく殖やすことに成功する人たちは確実にいるのだ。彼らは賢明であるから、大多数の人々が死ぬほどのひどい目に遭っている時に自分は大儲けできた、などとは決して言わない。だから、大多数の人々の脳裡には

「恐慌＝みんな大損する」という図式が刷り込まれているし、恐慌が来たら安全なところに資産を移し、ひたすら首を引っ込めてやり過ごすしかないと考える。

しかし、恐慌で財を成した人々は経済の流れを読み、いざパニック到来と見るや機敏に自分の資産を動員して勝負に出ている。彼らにとって恐慌はピンチではない。千載一遇のチャンスなのだ。もちろん、闇雲に楽観主義でいても決して恐慌をチャンスに変えることはできない。むしろ、パニック時の相場は大雨で濁流と化した川のごとくすさまじい勢いでしかも予測不能なほどの動きを見せるため、不用意に勝負に出れば一瞬で呑み込まれてしまう。日頃からパニック相場時にどう動くかをシミュレーションし、周到に準備しておくことが何より重要だ。また、過去に恐慌相場で財を成した人を研究し、どう対処すべきかというヒントを得ておくことも非常に有効だ。

では、恐慌時にどのような手を打てば「ピンチをチャンスに」変えることができるのだろうか。ヒントは、先ほど触れた「大恐慌時にはマネーがある方向に一斉に動く」という言葉にある。リーマン・ショックの時に何が起きたのかを思い出して欲しい。すでにサブプライムローン問題で信用収縮が始まっていたところに、巨大企業リーマン・ブラザーズが破綻したことで世界中の金融関係者が一斉にリスク回避行動をとり、流動性危機が発生した、というのが大まかな流れだが、非常に簡単に言えば世界中の投資家筋、金融関係筋がリスクを取って運用する資産を現金化しようとしたのだ。つまりマネーは日頃大量に市場に出回り、株や債券、デリバティブなどの金融商品となって世界中を循環しているが、恐慌になると誰もが一斉に現金化しようと殺到する。恐慌のタイミングで行なうべきは、とにかく誰よりも早く「現金化」することなのだ。

ただ、これも厳密には「攻め」ではない。本当に攻めのサバイバルをするなら、誰もが市場から逃げるタイミングに勝負を仕掛けることが重要だ。これには二つの手がある。一つは相場暴落に「売り」を仕掛ける方法、もう一つは相場の底を見極めて「買い」を入れる方法だ。

いずれもかなりリスクがあるが、より難しいのは暴落時の「売り」だろう。恐慌相場といっても、決して下げ一辺倒ではなく、短期的には大きく上下動している。まだ下がると思って売りを仕掛けても、短期で大きく上昇し含み損を抱えることはよくある話で、相場を見極め我慢することができなければ、平時以上に大きな損失を抱えることになる。また、底の見極めができず漫然と売り持ちしていれば、いずれ相場は底を打ち、やはり損失を膨らませる結果になる。これに対して「買い」を入れる方法は、じっくりと相場の底を見極め、上昇基調が安定しつつあるタイミングを狙えば良いため、売りに比べてやりやすい。

ただ、いずれの方法も恐慌の予兆を掴むこと、そして恐慌相場がどれぐらいの期間でどんな推移をたどりながら収束して行くのかをよく知っておくことが何より重要だ。私は「歴史を学ぶ」ことの重要性を事あるごとに説いているが、過去の恐慌を学ぶことはこうした観点でも極めて重要なのだ。

恐慌を「モノ」にしたケネディ、バブルに飲み込まれたニュートン

ではここで、恐慌にまつわる二人の歴史上の人物を紹介しよう。まずはジョ

セフ（ジョー）・ケネディ。アメリカ合衆国第三五代大統領にして、「暗殺された大統領」としても世界中で知られるジョン・F・ケネディの父だ。彼の慧眼《けいがん》を知るエピソードとして、パット・ボローニャという靴磨きの少年に関する逸話がある。もしかするとご存知の方もいるかもしれないが、簡単に紹介しよう。

一九二〇年代のニューヨーク、世界的な金融街ウォール・ストリートの道路の一角に、独りの靴磨きの少年がいた。名はパット・ボローニャ。少年ながら腕は確かで、彼が磨くと靴が生まれ変わったかのように仕上がった。その仕事ぶりと親しみやすい性格から、かの地で働く金融マンの間ではちょっとした有名人だった。

時は「狂騒の二〇年代」と言われた株式バブルの真っ只中で、パット少年のお客たちはみな上等なスーツに身を包み、景気の良いビジネスの話や大散財の自慢話をしていた。そんな中に、毎朝一番乗りで靴を磨きにくる常連客がいた。それがジョーだ。

パット少年の仕事は、ジョーとかわす「おはようございます、旦那」という一言で始まる。ジョーもいつも通り「おはよう」と返すと、おきまりの質問を彼に投げかける。「景気はどうだい?」――「まずまずです、旦那。なんとか生活できてますので」パット少年の答えも毎朝一緒だった。ジョーは株式バブルの恩恵にあずかり、二〇代にしてすでに巨万の富を築き上げていたが、このしがない靴磨き少年をいたく気に入っていた。バブルの狂騒にも踊らされず、自分の仕事をキッチリこなすパット少年になにか生き方の規範めいたまぶしさを感じ、若くして成り上がった自分への戒めとしていたのかもしれない。

いずれにせよ、世界でもっとも狂乱の喧騒と熱気に溢れていた町の一角では、毎朝こんなやり取りが繰り返されていた。

しかし、「当たり前のやり取り」に重大な変化が訪れる。それは一九二九年七月二三日だったという。いつものように、パット少年と朝の挨拶をかわし、片足を台に乗せながら「景気はどうだい?」と尋ねると、思いもよらない返事が返ってきたのだ。「旦那、おいらも株をやりたい。良い銘柄を教えてくれないか?」ジョーはわが耳を疑い、パット少年を凝視した。「今、なんて言った?」

「おいらも株をやりたいんだ。銘柄を教えてくれないか？」

ジョーは、目の前にいる靴磨きの少年の言葉の本当の意味を、即座に理解した。自らの仕事に真っすぐ取り組んでいるはずの靴磨き職人ですら、いよいよバブルの放つ危険な芳香に毒され始めている――始まったばかりの靴磨きを早々に切り上げさせ、チップをはずむとジョーはこう言って足早にパット少年の元を立ち去った。「ありがとう。銘柄は私が選ぶから、それまでは決して株に手出ししないように」。そして会社に戻るや否や、周囲の猛反対を押し切り、すべての株を売り払わせたのである。時はまさに株価騒乱の最終期、誰もが「株をやらない者は愚か者」と言ってはばからない、そんな最中での大決断だった。

そして、それからわずか三ヵ月後の一〇月二四日、歴史を揺るがす大事件が起きる。ニューヨーク株式市場が一二％もの大暴落を起こしたのだ。世にいう「ブラックサーズデー」（暗黒の木曜日）、世界恐慌の幕開けである。バブルの陶酔に浸りきっていたほとんどの資産家は、あっと言う間に資産を失い次々と没落して行った。しかし、三ヵ月前にすべての株式を処分していたジョーは巨額の資産をほぼ無傷で守り切ったのである。

さらに、大暴落がひと段落すると、今度はその資産を使って割安株をどんどん買い漁って行った。こうして恐慌を逆手に取ってさらに資産を増やし、「ケネディ財閥」を一代にして作り上げたのである。その後、強大な資金力と経済界への強力な影響力を後ろ盾にして、彼は子供たちを司法長官や米大使、上院議員など政界にも送り込んだ。そしてついに、米大統領までも輩出したのである。

余談であるが、世界恐慌によって廃業の瀬戸際となったパット少年を救ったという逸話も残っている。株価大暴落から約三ヵ月後、ジョーが彼の元を訪れると、感謝の言葉と共に数枚の株券をプレゼントしたのだ。その株券は「USスチール」株で、当時一七ドルに暴落していたが、それからわずか二年で二〇〇ドルにまで上昇したという。あの日の約束通り、銘柄を選んであげたのだ。

一方で、歴史に名を残す偉業を成し遂げながら投資の世界では完全に失敗した人もいる。古典力学の父、アイザック・ニュートンだ。「庭にあるリンゴの木からリンゴが落ちるのを見て発見した」という万有引力の法則を発見したことであまりにも有名だが、彼のこの偉大な発見は若干二二歳の時になされたものだ。その後は研究者として数学のみならず、聖書研究や錬金術にも没頭し、また神学にも大きな情熱を注いだ。王立協会という権威ある学会の会員としても選出され、研究者として一定の地位を築いたものの、他の学者たちとの確執も多く、やがて大学での研究生活から離れ政治関連の職を求めるようになったという。

一六九六年、政界への人脈が豊富な教え子の一人によって、王立造幣局の監事という職を得ると、その三年後の一六九九年には造幣局長官にも昇格する。就任早々通貨偽造の摘発と処罰など優秀な成果を上げ高給を得たものの、経済・金融に関してはやはり専門外と言うべきか、あまり良い成果を残すことはできなかった。当時のイギリスでは金貨と銀貨の両方が流通していたが、造幣局では両通貨を交換するための相対価値の設定を行なっていた。

しかしニュートンはその価値設定を見誤ってしまったことから、銀貨が通常の銀よりも低価値という事態になってしまったのだ。これによって市中では銀貨を溶かして銀に替え、金貨と交換するといったことが横行したという（これがのちにイギリスが金本位制に移行する原因となった）。

そうした彼の「経済オンチ」ぶりは投資にも災いする。高給を得てかなり裕福になったニュートンだったが、投資先の選定眼はまったくと言ってよいほどなかったのだろう。「バブル経済」の語源になった世界三大バブルの一つ、「南海泡沫事件」を引き起こした南海会社に一万ドルもの投資をしていたのだ。

第三章の南海泡沫事件の項でも詳しく述べたのでここでは詳細を避けるが、ニュートンはこの南海会社の設立初期から投資しており、その一部は一七二〇年の四月、つまりちょうど「南海バブル」の最中に売却し利益を得ている。しかし、彼はさらに高騰する株価を前に欲目を出し、二ヵ月後の六月に最高値付近で南海株を購入、さらに株価が下落し始めた七月にも買い増ししている。つまり、完全に「バブルに踊らされた」のだ。

ニュートンは、この暴落によって二万ポンドの損失を被ったという。当時、職人の年収が約四〇ポンドほどであったというから、現在価値に直すと数億円は下らない損失だったということだ。この一件で彼は「天体の動きなら計算できるが、人々の狂気までは計算できなかった」という名言を残した。また、その損失を補う意味も込めて、晩年さらに錬金術に没頭して行ったという逸話も残されている（ただし、真偽のほどは定かではない）。

情報こそすべて

ジョー・ケネディとニュートン、この二者の圧倒的な違いは、バブル経由恐慌行きという経済の摂理をよく知っているか否かであった。しかし、実際にはそれだけではない。ケネディは株を売り、その後買い戻すという非常に適切な対処を行なった。対してニュートンは、大やけどを負ったあとに起死回生の一手を打つということをしなかった。それは、ニュートンの全財産が南海会社と共に消失したからではなく（実際、彼は東インド会社の大株主でもあり、また高額の不動産も所有していた）、投資スタンスの違いとも言えるかもしれない。

ただ、経済の摂理を知らずに手痛い大損失を被ったことが、彼にとって株に対する大きなトラウマになっていたことは確かだろう。

本当に価値のある情報源を持っていなかったということも大きい。ケネディにとってのそれは「靴磨きの少年」のような、他者のバイアスがかからない独自の判断ができるものだった。しかしニュートンは、学究分野や政治の世界での人脈は駆使できても、残念なことに経済を見通す情報は持ち合わせていなかったようである。

このように見て行くと、経済の「摂理」を知り、ピンチをチャンスに変えるための「手段」を整え、適切なタイミングを待つことが「攻めのサバイバル」の要諦となる。もちろん、このように簡単にまとめてしまえばありきたりになってしまうが、それらをいかに財産防衛そして「ピンチをチャンスに変える」具体的な行動に落とし込めるかがカギだ。

巨大恐慌がいつ頃来るか、それをどのような兆しで知るのか。また恐慌が来た時にどう行動するのか、株や不動産を売るのか、先物やオプションの売りま

攻めのサバイバル法

■ピンチをチャンスに変える！■

経済を知れ

恐慌を逆手に取る手段を得よ

タイミングがなにより重要

信頼できる情報こそがすべての源

でやるのか、恐慌時に逆に値上がりする資産クラスへの資金投入をするのか。恐慌の底をいかにして見極めるのか、その後何をするのか……こうしたことを準備しておくためには、信頼に足る情報を確保することが何にもまして重要だ。

したがって、攻めのサバイバルに打って出るには「いかに有用な情報源を確保するか」ということに真剣に取り組まなければならない。その際、自らがその情報を精査することはもちろんだが、有用な情報には時として労力だけでなくお金もかかる、つまり「情報への投資」が必要になることは、肝に銘じておきたい。

「守り」のサバイバル法——基本編

ここまでで、「攻めのサバイバル」について見てきたが、もちろんこれは「できればぜひやって欲しい」対策であって、恐慌・国家破産サバイバルに必須ではない。では、最低限やっておくべき「守り」のサバイバル法とはどのような対策なのかについて、ここから見て行こう。

■その①　株はしかるべき時期にすべて売ること

まず、株を持っているのであれば恐慌前までにすべて売ることだ。とにかく、これは徹底した方が良い。では、具体的な時期はいつなのか。元号が変わって一年も経てば恐慌の確率は飛躍的に上がる。それに先んじて手を講じる必要があるから、二〇一九年秋頃がターゲットになるだろう。もちろん、情勢によっては前倒し、後ろ倒しを検討すべきだが、損益いずれにしても状況が膠着しているなら、迷わずに売ってしまった方が良い。前例でいうニュートンのように、大きな損失を受けてからでは手遅れとなる確率が極めて高いからだ。

とにかく、ちょっとした利益や損失に惑わされてはいけない。恐慌の直前まで買い持ちしておくというやり方は、よほど運が良い人でもない限りまずうまくはいかない。手放してからしばらくの間は、目先株価が上昇して「もう少し持っておけば良かった」などと考えがちだが、そうした未練はすっぱりと切り捨てる覚悟を持とう。

また、株に関してはもう一つ注目しておきたいことがある。それは、恐慌後に再び価格が上昇する時が「チャンス」になるという点だ。これは「守り」というよりむしろ「攻め」の方策だが、株で資産を持つ場合には非常に有効な考え方となるため、ぜひ覚えておいていただきたい。

ただし、相場の底を見定めるのは恐慌の始まりを予測するのと同様に極めて難しいことだ。恐慌相場といえども、一直線に価格が下落するのではなく、一見底を打ったように見える場面が何度も訪れるものだ。過去の恐慌やバブル崩壊の相場を見てみると、どんなに早くとも底打ちまで半年以上はかかっている。

また、本格的な上昇基調に入るまでは一年半から二年以上ある。その感覚で考えれば、二〇二三年夏頃がねらい目になるだろう。この時期にはほとんどの人々が「株は危険だ」と感じていることだろう。むしろ世間の空気がそれくらい冷え込んだ時こそ、買いに乗り出すチャンスと言える。

■その②　不動産はなるべく早い時期に売ること

不動産も株と同様、価値が下落して行くため基本的には売りだ。不動産は、株のようにいきなり価格が崩れて行くのではなく、ジワジワとある程度の期間をもって減少して行くことになる。日本のバブル崩壊では、二五％近くの価格下落が一九九一年～九六年の五年間をかけて起きており、またリーマン・ショック後の米国の住宅価格は三〇％近く下落しているが、やはり約五年半ほどの期間を要している。

これには理由がある。不動産は流動性が低く、相対取引が基本で、物件ごとの固有の事情も大きく価格決定に関係しているためだ。その上、値動きの遅さは現金化の遅さと連動しているため、それだけ早く準備しておかないと売れないということになる。さらに、日本の不動産事情は基本的に少子高齢化の進展で需要が先細りであり、よほど好条件の物件でない限り、現金化は時間を経るごとに厳しくなって行く。恐慌による価格下落を抜きにしても、見通しは暗い。となれば、買い手が付くうちになるべく早く売ってしまった方が賢明である。

ただし、一部の不動産は例外的に継続保有した方が良い。それは、中国人をはじめとした外国人に人気のエリアや再開発によって人気が集中し、需要が増えることがおおいに見込まれる物件である。こうした物件は、恐慌を経てさらにその価値が上がる可能性が高い。具体的には東京二三区内の一部、また地方中核都市である福岡の中の限られたエリアである。これらは外国人にも人気が高く、極めて将来有望である。名古屋、大阪、京都など大都市圏にもごく一部そうしたエリアはあるかもしれないが、東京二三区と福岡の一部以外は大都市圏の一等地といえども価格上昇は期待できないと考えた方が良い。

■その③　銀行から円と米ドルを引き出しておくべし

恐慌の発生によって銀行の倒産などの不安が高まると、預金封鎖や引き出し制限といった最悪の事態が来ることも想定されるようになる。こうなると発生するのが「取り付け騒ぎ」だ。

こうした事態に備えて、大切な資産の一部は実際に「現金」として引き出し、手元に置いておくことを奨める。まずは日本円のキャッシュを準備することだが、できればその後の国家破産に向けた対策として、米ドルのキャッシュも用意しておくと良い。

現金を用意する場合、万券など大きい金種だけでなく、小額紙幣や小銭も用意しておくのが良い。二〇一五年のギリシャの銀行休止では、市中の現金不足が深刻化したが、特に不足したのが小額紙幣だった。欧州で広く流通しているユーロでさえ、ギリシャ国内では数日で枯渇したのである。二〇〇九年に国家破産したジンバブエでも、やはりドルの小額紙幣が非常に貴重だったという証言が多かった。おつり貯金などで小銭をたくさん貯めているという場合は、それが活きてくるということになろう。

また、現金は保管する場所についても細心の注意を払いたい。治安の悪化で空き巣や強盗に入られ、大事な現金資産を盗られないようにするためだ。自宅の対策はやはり金庫だが、中途半端な金庫はかえって危険だ。「ここにお金があります」と知らせているようなものだからだ。

ある程度以上の額をしまっておくなら、やはり防盗性能の高い安心できる金庫を用意したい。理想は一トンクラスの「防盗金庫」と言われるものだが、このクラスは金額も高く設置場所を選ぶ。難しい場合には、床面を鉄筋コンクリートにし、金庫内部から床面にボルト留めするなど、専門の業者に相談しながら最善の対策をしたい。

さらに、自宅以外にも保管場所を用意することがより望ましいだろう。私が国家破産の取材を行なったアルゼンチンでは、軍の特殊部隊が組織ぐるみの強盗部隊になり、資産家の自宅に押し入って金品を脅し取るという事件があったという。家で強盗に居合わせたら、脅迫されて金庫を開けさせられる可能性も充分に考えなければならない。

そこで有効なのが「自宅以外の資産の隠し場所」だ。ただ残念なことに、銀行の貸金庫などは預金封鎖や引き出し制限時などに当局によって開けられ、資産を没収される危険がある。一九九八年、財政破綻し国家破産状態となったロシアでは、貸金庫の資産没収が行なわれたという。こうしたことを考慮すると、

「金融機関以外」で、かつ「自宅や自分の会社以外」に隠し場所を設けることがどうしても必要となる。

地方在住の方や、山林田畑を持っている方ならそうした隠し場所には事欠かないだろう（ただし隠し場所を忘れないよう、しっかりと対策する必要がある）。しかし都市部に住む人の場合は、そんな都合の良い場所はなかなか見つけられないかもしれない。

実は、私はこれについても秘策を練っているのだが、この紙面上でそれを明かしてしまうと「秘策」ではなくなってしまうので伏せておく。どうしても「自宅以外の資産の安全な保管場所」に関心がある方は、巻末でご案内する私が主催する資産保全クラブの会員となって、お問い合わせいただきたい。

■その④　現物資産を持つこと

現金以外にも、現物資産を保有することも有効だ。金（ゴールド）がまずはその代表格だろう。最近では、金を保有するにも様々な方法があるが、恐慌への対策を考えるなら現物だけでなくETF、純金積立、あるいは先物などを利用する手もある。しかし、恐慌から国家破産までも見据えた対策を講じるなら、積み立てやETFなどは逆に危険な持ち方となる。当局による没収や資産課税が容易に行ない得るからだ。となると、やはり現物資産は現物で持つに限る。

金の現物は地金（バー）と金貨（コイン）で持つことができるが、それぞれ一長一短ある。コインは小額で購入でき持ち運びやすいが、加工料やデザインのプレミアムなどによって割高である。また、傷などがついてしまうと価値が著しく下がるため、保管には細心の注意が必要だ。

一方、金地金は市場価格に近い金額で売買できるが、購入単位が大きくなりやすく当局に捕捉されやすいという問題がある。また、持ち運びしにくく保管場所の確保も難点だ。ある程度の量の金を持つ前提なら、地金とコインの両方をバランス良く持つといいだろう。

現物資産として私がもう一つ注目しているものがある。「ダイヤモンド」だ。それも指輪やネックレスなど宝飾品に加工されたものではなく、資産保全目的で「石のまま」で保有する方法だ。もちろん、原石ではなくカットは施されてあり、またさらに加工してツメを取り付ければ宝飾品にもできるものである。

ダイヤの場合、金とは違って公的な市場が存在せず、専門の鑑定士がダイヤの品質をそれぞれ一点ずつ評価して値段が決まるため、売り買いは金に比べるとかなり難しい。信頼できる専門家や取扱店とめぐり会えるかどうかが成否の分かれ目であるが、そうした信頼できるルートが確保できれば、逆に極めて安価で高品質なダイヤを入手することも可能となる。業者間価格の数割引という価格で買うことも可能で、またＧＩＡ（米国宝石学会）の鑑定書付きであれば、海外に持ち運んでも適正価格で売却可能である点も魅力だ。

何より、金に比べて軽く持ち運びしやすいし、金属探知機などのセンサーにもかからないという利点がある。二〇世紀の天才画家、パブロ・ピカソにも多大な影響を与えたと言われる近代画壇の巨匠・藤田嗣治は、第二次世界大戦後に戦犯画家あぶり出しに加担したとの汚名を着せられ日本を追われたが、資産として持っていたダイヤを絵の具のチューブに隠して持ち出し、渡航後の糧にしたという。金だけの資産防衛では不安という方は、ダイヤを検討するのも一手だろう。

なお、私も現在信頼できるルート確立を含めダイヤによる資産防衛を真剣に研究しており、次に発刊予定の『有事資産防衛　金か？　ダイヤか？』（仮）（第二海援隊刊）にまとめるつもりでいる。関心がある方にはおおいにご期待いただきたい。また「ダイヤモンド投資情報センター」（巻末二二一ページ参照）に直接お問い合わせいただくのが一番早い。

「守り」のサバイバル法――実用編

ここまでの対策は、ある意味「財産防衛の事始め」とでもいうべきもので、これらはどんなことがあっても確実に行なっておくべきものだ。いずれも日本国内で行なえるものであり、イザという時にはここで対策した資産を使って激動の時代をサバイバルすることになる。

しかし、本当の意味での財産防衛はこの「実用編」からが本番だ。サバイバルの時代をしのぎ切って、日本の経済や庶民生活が安定してきた時に生活再建のために使う資産は、サバイバル用資産とは別により安全な場所で防衛しておくことが重要だ。つまり、「海外を使った資産防衛」だ。

◆その⑤　海外口座を持ち、外貨建てで預けよ

海外を使った資産防衛でまず挙げられる方法が「海外口座」だ。日本国外の銀行に自分名義の口座を作って預金するということである。海外と一言で言っても治安が良好で経済も安定した国もあれば、破綻寸前の国もあり、また銀行も高格付けで健全経営を行なうところもあれば、不良債権まみれで危険な銀行もある。やはり、長い目で見て信頼できる国、銀行を選ぶことが重要だ。

また、口座開設やその後の各種手続きがやりやすいかどうかもポイントである。恐慌や国家破産などの有事にも資産を預けておける、安心感がある銀行を選びたい。私は長年海外銀行の情報収集を行なっているが、現在私たち日本人

にとって最適な銀行はシンガポールに一行、ニュージーランドに一行、米国のハワイに二行とみている。

いずれも日本語対応が可能で、それぞれサービスに特色がある。たとえば、比較的資産家層向けで銀行内での資産運用が可能、あるいは少額から預け入れ可能で定期預金の金利が好条件、といった具合である。それぞれの資産状況や目的に応じてうまく選択することができるのである。ただ、唯一の難点はいずれの銀行も原則として現地を訪問して開設する必要があるということだ。そこをクリアできれば、開設後は日本から各種手続きが可能であり、利便性は高い。

また、こうした海外口座にはクレジットカードやデビットカードなど決済機能を持たせることもできる。海外口座を持つなら、こうしたカードはなるべく作っておいた方が良い。日本が預金封鎖の時など、国内銀行のカードも決済停止になるが、海外銀行のカードであれば使える可能性があるのだ（ちなみに二〇一五年七月のギリシャの預金封鎖では、ギリシャ国外の銀行のクレジットカードはまったく問題なく使えたという）。

◆その⑥　海外ファンドを保有すること

海外を使った資産防衛のもう一つの方法が「海外ファンド」だ。日本の証券会社が販売する「投資信託」と大まかな仕組みは一緒だが、海外ファンドと投資信託は決定的に異なる点がいくつかあり、それが恐慌～国家破産対策に極めて有効なのだ。

まず、当然だが海外ファンドは日本国内ではなく海外にある。つまり、日本の金融当局の監督命令下にはなく、日本の預金封鎖や資産課税による没収とはまったく無関係ということなのだ。この「日本の当局の監督下にない」ということが、資産防衛上極めて重要な意味を持つ。

そしてもう一点は、「運用戦略の違い」だ。日本の投資信託のほとんどは株か債券を複数銘柄まとめただけのものであり、恐慌相場で株価が下落すれば同様に基準価格を大きく下げるものばかりである。まれに株価に対して逆に動くもの（ベアファンドと呼ばれるもの）もあるが、こうしたものは逆に平時相場では損失を出し続けることになり、長く保有できるものではない。

海外ファンドは、株や債券にしても機動的、戦略的に売り買いをしたり、あるいは先物やオプションなどのデリバティブを使う、リスクヘッジのための特殊な仕組みを用意する、相場の方向性だけでなく価格差を取りに行く、などの高度な手法を用いるものなど戦略は実に多様だが、国内ではこうした手法を用いたものなどまず見かけることはない。つまり、日本国内の投資信託では激動する相場環境に対応して資産防衛ができる銘柄など、ほとんどないのだ。

しかも、こうした多様な海外ファンドは、実は日本に居ながらにして買い付け、解約ができるものも結構ある。これを研究し、利用しない手はない。もちろん、海外ファンドも「投資」商品であるから、下落リスクを覚悟する必要はある。しかし一方で、海外ファンドにはハイリスク・ハイリターンのものから非常に安定的な運用を行なうもの、相場動向によってまったく異なる動きを見せるものなど実に多様な選択肢がある。これらの中から自分の希望に合った銘柄を選び組み合せることで、無理なく資産防衛を図ることも可能だ。

恐慌時に力を発揮する「ＭＦ戦略」を保有しよう

あまたあるファンドの戦略の中でも、特に恐慌対策として注目したいのが「ＭＦ戦略」だ。長年の読者の方はご存知のことだろう。ここでは簡単に触れるに留めるが、「ＭＦ戦略」とは正式名称を「Managed Futures 戦略」（マネージド・フューチャーズ戦略）という。

直訳すれば「管理された先物」という意味だが、その名の通り「ＭＦ戦略」では世界中の数十〜数百の先物市場をコンピュータを使って管理し、分散投資を行なう。相場が上げ下げに一定の方向性を持った時に収益を上げる手法（トレンドフォロー）を使っているため、たとえば恐慌時の暴落相場のように強い下落の方向性を示している局面では大きな収益を獲得する可能性が高まる。

もちろん、平時相場であっても方向性が出れば収益を上げ、また非常に多くの市場で分散投資を行なっているため、暴落相場以外で負け続ける「ベアファンド」とは本質的に異なる。一度買い付けたらじっくりと腰を落ち着け、恐慌や国家破産の荒波にも耐えてくれる心強い戦略と言えるだろう。

したがって、ファンドを保有するならこの「MF戦略」を採用している銘柄は外せない。では、「MF戦略」を採用したファンドの一例を見て行こう。

★「MF戦略」を採用する老舗ファンド「F」

「MF戦略」が誕生したのは一九八〇年代後半と言われているが、それからわずか数年後の一九九三年より実運用を開始しているのが「Fファンド」である。「MF戦略」を採用したファンドでもっとも有名なものは、イギリス商社系の「Aファンド」と言われているが、このファンドは米国の小さな会社が運用している。実はこの「Fファンド」、運用開始時は「トレンドフォロー型MF戦略」一本だったが、現在では純粋なMF戦略ファンドではなくなっている。

「MF戦略」を採用したファンドは、二〇〇九年前半までは軒並み極めて高い収益率を維持し続けていた。しかしそれ以降は、成績が頭打ちになるものが続

究極の対策「MF」

先物市場を活用

トレンドフォロー

コンピュータの自動判断

恐慌や国家破産を逆手に収益を上げる一握りの勝ち組戦略！

出したのである。金融危機への対応で米国を中心に異例の金融緩和を行なった結果、世界的な金融市場の動き方が大きく変化してしまい、相場のトレンドを追いかける手法では高収益を上げづらくなったのがその原因だ。

こうした動きを予見するかのように、「Fファンド」では市場に追随する「トレンドフォロー」だけではなく、市場の相場転換を予測する「コントラリアン」、市場の平均回帰性を利用する「ミーン・リバージョン」、さらには先物ではなく現物株式を取引対象にする「株式マーケット・ニュートラル」という、実に様々な手法を研究、適時実戦投入することで安定的な収益を狙ってきた。ここでは詳細な説明は割愛するが、基本的にいずれの手法もコンピュータによる自動判断で運用するため、運用チームは少数精鋭だ。

この「ハイブリッド型MF」は、ファンドの世界で徐々に主流になりつつあるようだ。この「Fファンド」の他にも、「LNファンド」や「ASファンド」も「ハイブリッド型」を採用している。いずれも私の主催する「ロイヤル資産クラブ」「自分年金クラブ」で情報提供しており、現在でも日本人の個人投資家

Fファンドのチャート

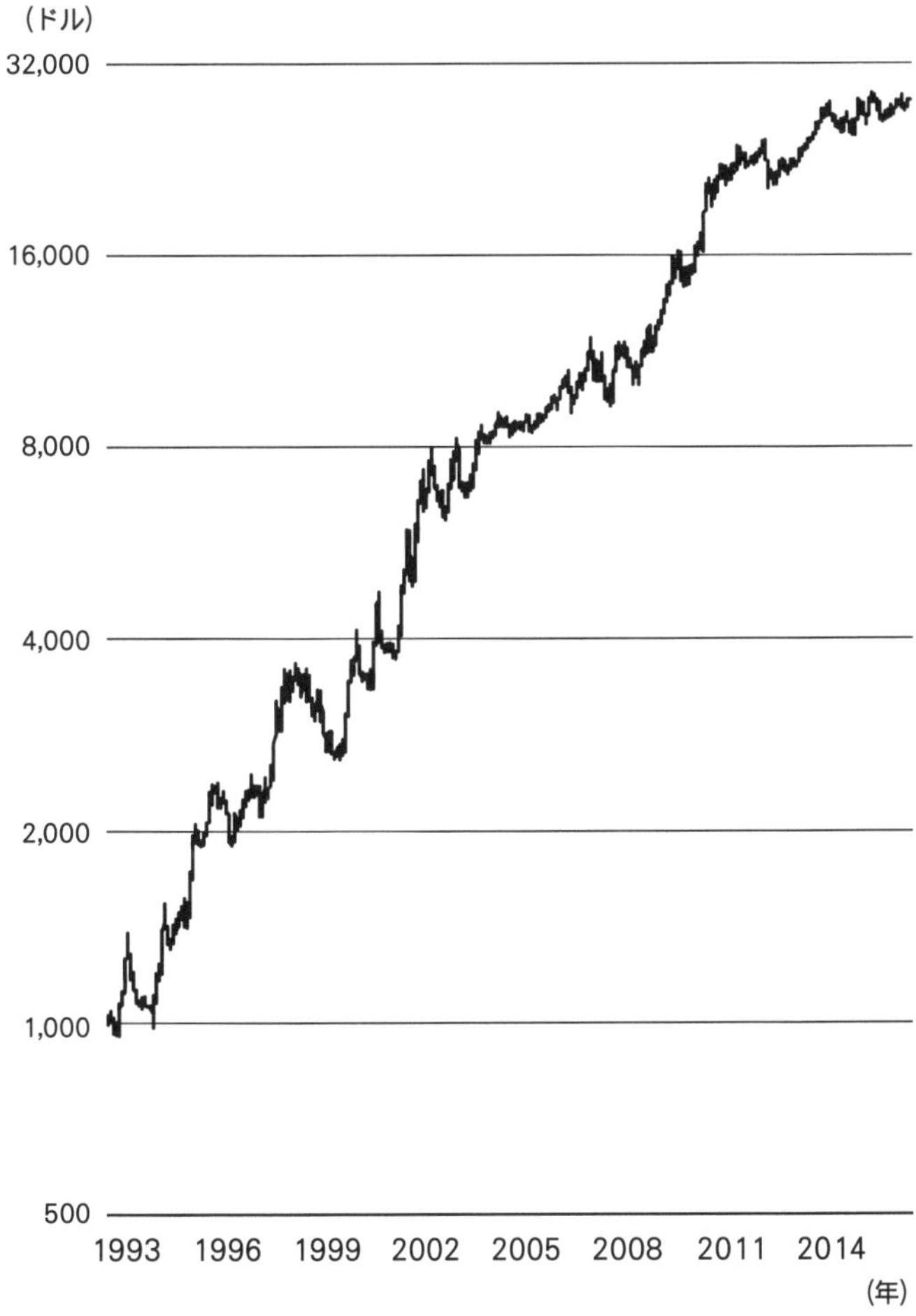
(ドル)
32,000
16,000
8,000
4,000
2,000
1,000
500
1993
1996
1999
2002
2005
2008
2011
2014
(年)

が活用することも可能だ（ただし、「Fファンド」は直接ではなく、「小口化ファンド」と言われるものを利用した間接投資となる）。

さて、「MF戦略」は非常に魅力的な戦略であると紹介したが、実は先の金融危機以降成績が停滞している。これは老舗「Fファンド」に限った話ではなく、イギリス商社系「Aファンド」然り、日本国内でも一部証券会社が組み込みファンドの取り扱いがある「Wファンド」然り、いずれも収益が取りづらい状況に陥っているのである。

「そんなことでは資産防衛できないのではないか⁉」と疑問に思われた方も多いと思うが、そんなことは決してない。実は金融危機後の相場環境は、異常ともいえるような状況が続いており、「MF戦略」が得意とするような相場の方向性が生まれづらくなっているのだ。

しかし、それでも相場に方向性が発生しないということでは決してなく、たとえば二〇一四年には明確な相場のトレンドが発生して「MFファンド」が軒並み高い収益を獲得している。つまり、恐慌相場のように中央銀行でも手が付

「Fファンド」騰落率

（単位　%）

年＼月	1月	2月	3月	4月	5月	6月	7月	8月	9月	10月	11月	12月	年間成績
1993										0.32	1.42	▲4.80	▲3.14
1994	0.01	8.68	6.42	11.93	2.08	▲6.29	▲5.89	▲4.48	▲0.29	▲0.86	0.24	▲0.55	9.71
1995	▲1.04	5.05	5.49	2.47	16.25	1.52	▲4.94	0.18	4.53	▲0.56	6.65	2.32	43.26
1996	▲4.16	5.85	9.48	14.00	3.32	▲4.33	▲0.36	3.66	4.73	11.64	1.98	▲1.10	52.42
1997	▲5.73	2.12	0.33	▲4.21	▲10.55	▲0.04	11.05	▲3.23	3.64	3.48	2.25	0.18	▲2.36
1998	4.21	▲4.22	3.43	▲9.90	8.08	▲1.34	3.64	8.31	8.53	14.43	▲8.41	17.00	48.16
1999	▲3.94	2.85	0.80	3.01	3.41	▲0.26	▲7.88	2.66	1.45	▲6.16	▲2.89	1.17	▲6.42
2000	4.49	▲3.95	▲9.72	▲6.38	7.21	▲7.47	▲0.14	2.05	▲2.91	4.25	11.85	12.53	9.23
2001	4.60	3.73	4.77	▲9.53	0.34	▲1.06	▲2.82	4.30	10.04	16.18	▲10.21	▲4.97	12.90
2002	▲1.25	1.70	0.35	▲2.93	0.53	8.64	15.28	5.32	17.99	▲8.65	▲8.98	22.59	56.02
2003	8.73	7.54	▲3.22	0.04	10.62	▲2.37	▲6.44	▲4.04	2.08	▲7.42	1.39	9.88	15.58
2004	0.87	11.48	3.12	▲14.15	▲0.37	▲2.53	1.05	5.18	3.98	7.46	4.40	▲0.59	19.15
2005	▲0.20	▲0.63	1.00	1.13	2.85	3.55	▲2.62	0.77	▲1.60	▲3.52	3.90	▲0.50	3.89
2006	0.86	▲1.28	1.39	1.14	▲2.47	0.19	▲0.40	4.76	▲0.85	▲0.25	3.43	1.01	7.56
2007	2.42	▲1.18	0.83	4.46	2.61	0.97	▲3.92	▲5.09	2.55	5.14	0.62	▲0.06	9.21
2008	4.21	6.08	0.53	▲8.89	0.76	4.83	▲4.81	▲6.86	0.63	▲2.89	10.28	9.26	11.64
2009	▲1.00	1.06	0.69	▲4.89	▲0.55	▲2.85	0.32	1.82	5.41	▲0.91	8.80	▲7.38	▲0.46
2010	1.77	7.36	1.97	3.80	4.04	5.01	1.47	10.06	▲2.58	0.39	▲5.23	2.80	34.45
2011	▲2.75	3.90	▲1.45	9.26	1.26	▲1.72	13.13	7.57	0.80	▲2.54	2.09	5.90	39.93
2012	4.24	▲1.95	▲1.48	1.91	1.62	▲2.48	8.70	▲1.71	▲0.50	▲3.37	0.89	1.64	7.12
2013	0.27	▲0.66	2.80	3.33	▲6.39	▲6.40	1.13	▲2.62	3.60	3.85	1.20	▲4.10	▲4.68
2014	1.74	1.54	▲1.29	1.11	4.41	0.76	▲0.37	3.72	0.26	1.56	4.03	0.24	19.03
2015	4.86	0.06	1.32	▲3.35	▲0.14	▲3.53	1.00	▲3.63	5.20	▲1.12	▲0.67	▲2.76	▲3.20
2016	4.26	7.60	▲1.84	▲3.77	▲0.66	6.86	1.51	▲2.59	0.02	▲5.60	0.33	1.74	7.20
2017	▲1.79	3.88	▲1.29	3.00	0.32	▲2.60	0.18						1.53

けられない著しい「トレンド」が発生すれば、再び戦略が機能して大きな収益を上げるチャンスがあるということだ。

★「MF戦略」以外への分散も重要

恐慌局面で「MFファンド」が強みを発揮するからといって、防衛したい資産をすべて「MF戦略」に振り向ければ良いかといえば、決してそのようなことはない。むしろ、適切に分散をしておくべきである。大雑把な感覚で言えば、市場は一〇年に一度ぐらい「有事相場」と言うべき局面を迎えるが、逆に言えば残り九年は比較的穏やかな環境なのである。

「有事のみ」に焦点を絞った対策とは非常に極端な作戦であり、「大切な資産を守る」という観点では非常に心許ない。最低でもまったく異なる戦略で三つ程度には分散しておきたい。

ここ最近の流れを見ていると、いくつかの戦略が有望であると感じる。テーマは「グローバル・マクロ」「フィンテック金融系」「マーケット・ニュートラル」などだ。こうしたテーマを戦略化したファンドのいくつかは、現在の厳しい金融環境下でも極めて良好な成績を残しており、こうしたものを「ＭＦ戦略」と組み合わせて保有しておけば、息の長い資産防衛が可能になるだろう（ＭＦについての具体的な情報を知りたいという方は巻末一九六ページ参照）。

仮想通貨やフィンテックは資産防衛に有効か？

番外編だが、近年話題となっている仮想通貨やフィンテックは資産防衛に活用できるのかどうかについて、少し触れてみよう。まず仮想通貨だが、特に日本では二〇一七年に入ってからビットコインが爆発的に普及し、資産価値が急激に上昇している。仮想通貨の特徴は、既存の通貨と異なり発行体が国ではないこと、またインターネット上で取引されるため容易に海外に資産移転ができること、また匿名性が高く保有状況を他者に知られにくいことなどがある。いずれの特徴も、国家破産対策として資産を移転し防衛するのに非常に向いていると言えるだろう。

一方で、価格変動が激しく株式など他の資産クラスと比べてもかなり資産価値が変動すること、仮想通貨の種類や仮想通貨取引所によっては詐欺に遭う可能性もかなり高いことなど注意を要する点もある。特に、詐欺についてはよほどのノウハウがないとネット世界で資産を消失してしまう事態にもなりかねないため、専門知識がない場合は利用しない方が良い。また、世界各国の規制や法整備はこれからであり、どのような制限が課せられるかは未知数だ。

逆に、こうした規制が強化される前に相当研究し、資産防衛にしっかり活用すればかなり強力なツールになり得るだろう。実は私も自社内で仮想通貨の調査・研究チームを編成しており、ビットコインやその他仮想通貨の情報を提供する会員制組織「ビットコイン（仮想通貨）クラブ」を運営してお客様へ情報提供を始めている。ご関心のある方は巻末二〇九ページにある「ビットコイン（仮想通貨）クラブ」までお問い合わせいただきたい。

その他にも、フィンテック関連の新しいテーマ（新しいファンド戦略やクラウドファンディングなど）も情報収集を行なっているが、やはり今後の法整備と規制がカギになるため、じっくりと活用法を模索している。

こうした新しい潮流も、「自分はわからないから」と敬遠するのではなく、いかにして活用可能かを検討する姿勢が重要だ。何しろ相手は恐慌、そしてそのあとには国家破産という怪物級の難敵である。大切な資産を守るためには、あらゆる手を講じる覚悟が必要だ。

真剣に、そして楽しみながら対策を

来たるべき恐慌にいかに備えるべきか、その様々な方策を見てきた。最後に私が強調したいのは、こういう対策は「いち早く実行に移すこと」が何より重要ということだ。サバイバルの方策を知っただけで安心してしまい、対策を怠っては、いざという時にあなたの資産は跡形もなく消え去ってしまうだろう。この本を閉じた瞬間から、できるものからすぐに実行に移していただきたい。

私たちが対策するために残されている時間は、恐らく長くて三年程度と考えた方が良い。当然、時間を要する対策もあるため、焦ることはなくとも急いで対策すべきだろう。

また、こうした対策を行なう時、「何がなんでもこうしなければ！」と頑なな考え方に陥ってしまう人もまれにいる。恐慌や国家破産は確かに怖いが、唯一無二、この方法でなければ助からないというものではない。ご自身なりの工夫をしながら、適切な対策を打っていただきたいと思う。あえて言うなら、「楽しみながら対策する」ぐらいの心持ちで臨んで行くのが良いだろう。

もし、対策法や考え方で迷うようなことがあれば、ぜひ私に相談して欲しい。私の会社では国家破産対策や資産防衛・運用法を専門に研究するスタッフがおり、また定期的に国家破産対策の講演会も開催している。こうしたものも活用しながら、しっかりと対策を行なっていただき、一〇年後、二〇年後を笑って迎えていただきたいと思う。

エピローグ

歴史上の法則の実現を目の当たりにする日

この世の中には数十年に一度、大きな経済的大変動がやってきて、多くの人々の財産がはかなくも消えてしまう。今から二十数年前のバブル崩壊の時がそうだったし、そのまた八十数年前の昭和恐慌の時もそうだった。

それと同じような経済的大変動が、わずか三年後の二〇二〇年にやってくるかもしれない。あなたがもし生き残りたいと願うならば、これからの一、二年は経済の動きに極めて敏感になっておいた方が良い。すでにNYダウは二万ドルをはるかに超えたし、日本株もそれに引きづられて二万円の大台を超えた。リーマン・ショック直後の大底の三倍という驚くべき水準に来てしまった。そして何より心配なのは、世界中の不動産が異常なほど値上がりしていることだ。

中国経済の不調も只事ではない。中国政府が強権で人民元の海外流出を押さえ込んだために、中国国内に滞留したマネーが一時的に不動産と株に向かっているだけで、銀行の不良債権の増加は止まらない。資源安が止まらないのが何よりの証拠だ。中国は恐慌への道をひたすら進んでいる。歴史的に見ても、米国の後を継ぐ覇権大国である中国が恐慌に陥るのは避けられないのだ。

さらに何より恐ろしいのはリーマン・ショック後に世界中の中央銀行が揃って金利をゼロにしてマネーを大量供給したために、世界中の企業も個人もとんでもない借金をしてしまった。その総額はなんと一京八〇〇〇兆円。それが二〇二〇年頃、大爆発するだろう。

その時、あなたは「元号が変わると恐慌と戦争がやってくる」という歴史上の法則の実現を目の当たりにすることだろう。その時の到来を前に、おおいに備えよう。まさに「備えあれば憂いなし」なのだから。

二〇一七年一〇月吉日

浅井 隆

浅井隆からの重要なお知らせ

――国家破産を生き残るための具体的ノウハウ

厳しい時代を賢く生き残るために必要な情報収集手段

日本国政府の借金は先進国中最悪で、GDP比二五〇%に達し、太平洋戦争終戦時を超えて、いつ破産してもおかしくない状況です。国家破産へのタイムリミットが刻一刻と迫りつつある中、ご自身のまたご家族の老後を守るためには二つの情報収集が欠かせません。

一つは「国内外の経済情勢」に関する情報収集、もう一つは「海外ファンド」に関する情報収集です。これについては新聞やテレビなどのメディアやインターネットでの情報収集だけでは絶対に不十分です。私はかつて新聞社に勤務し、以前はテレビに出演をしたこともありますが、その経験から言えることは「新聞は参考情報。テレビはあくまでショー（エンターテインメント）」だということです。インターネットも含め誰もが簡単に入手できる情報で、これからの激動の時代を生き残って行くことはできません。

皆様にとってもっとも大切なこの二つの情報収集には、第二海援隊グループ（代表　浅井隆）で提供する「会員制の特殊な情報と具体的なノウハウ」をぜひご活用下さい。

〝恐慌および国家破産対策〟の入口「経済トレンドレポート」

最初にお勧めしたいのが、浅井隆が取材した特殊な情報をいち早くお届けする「経済トレンドレポート」です。浅井および浅井の人脈による特別経済レポートを年三三回（一〇日に一回）格安料金でお届けします。経済に関する情報提供を目的とした読みやすいレポートです。新聞やインターネットではなかなか入手できない経済のトレンドに関する様々な情報をあなたのお手元へ。さらに恐慌、国家破産に関する『特別緊急情報』も流しております。「対策をしなければならないことは理解したが、何から手を付ければ良いかわからない」という方は、まずこのレポートをご購読下さい。レポート会員になられますと、様々な割引・特典を受けられます。

詳しいお問い合わせ先は、㈱第二海援隊

TEL：〇三（三二九一）六一〇六

FAX：〇三（三二九一）六九〇〇

具体的に〝恐慌および国家破産対策〟をお考えの方に

そして何よりもここでお勧めしたいのが、第二海援隊グループ傘下で独立系の投資助言・代理業を行なっている「株式会社日本インベストメント・リサーチ」（関東財務局長（金商）第九二六号）です。この会社で三つの魅力的な会員制クラブを運営しております。私どもは、かねてから日本の国家破産対策のもっとも有効な対策として海外のヘッジファンドに目を向けてきました。そして、この二〇年にわたり世界中を飛び回りすでにファンドなどの調査に莫大なコストをかけて、しっかり精査を重ね魅力的な投資・運用情報だけを会員の皆様限定でお伝えしています。これは、一個人が同じことをしようと思っても無理な話です。また、そこまで行なっている投資助言会社も他にはないでしょう。

投資助言会社も、当然玉石混淆であり、特に近年は少なからぬ悪質な会社に対して、当局の検査の結果、業務停止などの厳しい処分が下されています。しかし「日本インベストメント・リサーチ」は、すでに二度当局による定期検査を受けていますが、行政処分どころか大きな問題点はまったく指摘されませんでした。これも誠実な努力に加え、厳しい法令順守姿勢を貫いていることの結果であると自負しております。

私どもがそこまで行なうのには理由があります。私は日本の将来を憂い、会員の皆様にその生き残り策を伝授したいと願っているからです。その生き残り策がきちんとしたものでなければ、会員様が路頭に迷うことになります。ですから、投資案件などを調査する時に一切妥協はしません。その結果、私どもの

「プラチナクラブ」「ロイヤル資産クラブ」「自分年金クラブ」には多数の会員様が入会して下さっています。

このような会員制組織ですから、それなりに対価をいただきます。ただそれで、私どもが十数年間、莫大なコストと時間をかけて培ってきたノウハウを得られるのですから、その費用は決して高くないという自負を持っております。まだクラブにご入会いただいていない皆様には、ぜひご入会いただき、本当に価値のある情報を入手して国家破産時代を生き残っていただきたいと思います。そして、この不透明な現在の市場環境の中でも皆様の資産をきちんと殖やしていただきたいと考えております。

一〇〇〇万円以上を海外投資へ振り向ける資産家の方向け「ロイヤル資産クラブ」

「ロイヤル資産クラブ」のメインのサービスは、数々の世界トップレベルのファンドの情報提供です。特に海外では、日本の常識では考えられないほど魅力的な投資案件があります。

ジョージ・ソロスやカイル・バスといった著名な投資家が行なう運用戦略としておなじみの「グローバル・マクロ」戦略のファンドも情報提供しています。

この戦略のファンドの中には、株式よりも安定した動きをしながら、目標年率リターンが一〇%～一五%程度のものもあります。また、二〇〇九年八月～二〇一七年八月の約八年で一度もマイナスになったことがなく、ほぼ一直線で年率リターン七・五%（米ドル建て）と安定的に推移している特殊なファンドや目標年率リターン二五%というハイリターン狙いのファンドもあります。もちろん他にもファンドの情報提供を行なっておりますが、情報提供を行なうファンドはすべて現地に調査チームを送って徹底的に調査を行なっております。

また、ファンドの情報提供以外のサービスとしては、海外口座の情報提供と国家破産対策についての具体的な資産分散の助言を行なっております。

海外口座は、総合的に見て日本人が使い勝手が良く、カントリーリスクの心配もほとんどない、財務体質がしっかりしている銀行の情報を提供しています。

銀行の所在地はシンガポール、NZ、そしてハワイ（米国）の三ヵ所です。邦銀では外国人観光客の口座開設が不可能なように、外国の銀行も誰でもウェルカムというわけではありません。しかも共同名義での開設が可能など邦銀とまったくシステムが違いますので、しっかりした情報が必要です。

恐慌、国家破産対策の具体的な方法としましては、金や外貨預金、外貨キャッシュの持ち方など幅広い情報で皆様の資産保全のサポートをいたします。

他にも、現在保有中の投資信託の評価と分析、銀行や金融機関とのお付き合いの仕方のアドバイス、為替手数料やサービスが充実している金融機関についてのご相談、生命保険の見直し・分析、不動産のご相談など、多岐にわたっております。金融についてありとあらゆる相談が「ロイヤル資産クラブ」ですべて受けられる体制になっています。

詳しいお問い合わせ先は「ロイヤル資産クラブ」

TEL：〇三（三二九一）七二九一

FAX：〇三（三二九一）七二九二

一般の方向け「自分年金クラブ」

「自分年金クラブ」では「一〇〇〇万円といったまとまった資金はないけど、将来に備えてしっかり対策をしたい」という方向けに、比較的「海外ファンド」の中では小口（最低投資金額が約三〇〇万円程度）で、かつ安定感があるものに限って情報提供しています。

このような安定感を持つファンドの中に、年率リターン七・九％（二〇一一年九月～二〇一七年八月）とかなりの収益を上げながら、一般的な債券投資と同じぐらいの安定感を示しているものもあります。債券投資並みの安定感で、年率リターンが八％近くもあることには驚きます。また海外口座の情報提供や国家破産対策についての具体的な資産分散の助言、そして恐慌、国家破産時代の資産防衛に関する基本的なご質問にもお答えしておりますので、初心者向きです。

詳しいお問い合わせ先は「自分年金クラブ」

TEL：〇三（三二二九一）六九一六
FAX：〇三（三二二九一）六九九一

※「自分年金クラブ」で情報提供を行なっているすべてのファンドは、「ロイヤル資産クラブ」でも情報提供を行なっております。

投資助言を行なうクラブの最高峰「プラチナクラブ」

会員制組織のご紹介の最後に「プラチナクラブ」についても触れておきます。メインのサービスは、「ロイヤル資産クラブ」と同じで、数々の世界トップレベルのファンドの情報提供です。ただ、このクラブは第二海援隊グループが行なう投資・助言業の中で最高峰の組織で、五〇〇〇万円以上での投資をお考えの方向けのクラブです（五〇〇〇万円以上は目安で、なるべくでしたら一億円以上が望ましいです。なお、金融資産の額をヒヤリングし、投資できる金額が二〇〇万～三〇〇万米ドル（二二〇〇〇万～三三〇〇〇万円）までの方は、原則プラチナクラブへの入会はお断りいたします）。

ここでは、ロイヤル資産クラブでも情報提供しない特別で稀少な世界トップレベルのヘッジファンドを情報提供いたします。皆様と一緒に「大資産家」への道を追求するクラブで、具体的な目標としまして、「一〇年で資金を四倍～六倍（米ドル建て）」「二倍円安になれば八倍～一二倍」を掲げています。プラチナクラブ会員については一〇〇名限定となっていますので、ご検討の方はお早目のお問い合わせをお願いいたします。

詳しいお問い合わせ先は「㈱日本インベストメント・リサーチ」

TEL：〇三（三二九一）七二九一

FAX：〇三（三二九一）七二九二

浅井隆講演会、国家破産対策、インターネット情報

浅井隆のナマの声が聞ける講演会

著者・浅井隆の講演会を開催いたします。二〇一八年は東京・一月一三日

（土）、福岡・四月二〇日（金）、名古屋・四月二七日（金）、大阪・五月一二日（土）、広島・五月二五日（金）を予定しております。国家破産の全貌をお伝えすると共に、生き残るための具体的な対策を詳しく、わかりやすく解説いたします。

いずれも、活字では伝わることのない肉声による貴重な情報にご期待下さい。

第二海援隊ホームページ

また、第二海援隊では様々な情報をインターネット上でも提供しております。詳しくは「第二海援隊ホームページ」をご覧下さい。私ども第二海援隊グループは、皆様の大切な財産を経済変動や国家破産から守り殖やすためのあらゆる情報提供とお手伝いを全力で行ないます。

※また、このたび浅井隆によるコラム「天国と地獄」を始めました。経済を中心に、長期的な視野に立って浅井隆の海外をはじめ現地生取材の様子をレポートするなど、独自の視点からオリジナリティ溢れる内容をお届けします。

ホームページアドレス：http://www.dainikaientai.co.jp/

ジム・ロジャーズ独占取材特別レポート発売

今年二月、今、世界と日本が直面している様々な問題について、そして今後の世界市場のゆくえについて、今なお世界中の投資家並びに経済人からその言動が注目されている世界有数の投資家ジム・ロジャーズに、浅井隆が独占単独インタビューに成功しました。その全内容を収録した、「他では決して読むことができない『ジム・ロジャーズ氏特別インタビューレポート』」を販売致します。浅井隆自らが神経を削って一ヵ月考え抜いたオリジナルの質問内容に、ジム・ロジャーズが誠実に詳しく答えてくれています。

このインタビューレポートを読むことで、今後の世界がどうなって行くか、そしていかに日本円のみで資産を持っていることにリスクがあるかがよくわかります。今後のあなたの資産保全のお役に立つこと間違いありません。ぜひ、ご一読下さい。読者の方に限り特別価格にて販売致します。

詳しいお問い合わせ先は「㈱第二海援隊」出版部
TEL：〇三（三二九一）一八二一
FAX：〇三（三二九一）一八二〇

改訂版!!「国家破産秘伝」「ファンド秘伝」必読です

浅井隆が世界を股にかけて収集した、世界トップレベルの運用ノウハウ（特に「海外ファンド」に関する情報満載）を凝縮した小冊子を作りました。実務レベルで基礎の基礎から解説しておりますので、本気で国家破産から資産を守りたいとお考えの方は必読です。ご興味のある方は以下の二ついずれかの方法でお申し込み下さい。

①現金書留にて一〇〇〇円（送料税込）と、お名前・ご住所・電話番号および「別冊秘伝」希望と明記の上、弊社までお送り下さい。
②一〇〇〇円分の切手（券種は、一〇〇円・五〇〇円・一〇〇〇円に限りま

す）と、お名前・ご住所・電話番号および「別冊秘伝」希望と明記の上、
弊社までお送り下さい。

郵送先　〒一〇一―〇〇六二　東京都千代田区神田駿河台二―五―一
住友不動産御茶ノ水ファーストビル八階
株式会社第二海援隊「別冊秘伝」係
TEL：〇三（三二九一）六一〇六
FAX：〇三（三二九一）六九〇〇

「ニュージーランド　留学・移住情報センター」（日本側）窓口開設

私は世界中を駆け巡り取材を敢行してきましたが、ニュージーランドほど安心・安全で自然豊かで、魅力を兼ね備えた国はないと断言できます。そして、私たち日本人こそが来るべき国家破産への備えも見据えてニュージーランドを最大活用すべきと考えています。国家破産で日本国内の経済が大混乱になった

際、海外に避難先を確保しておくのは極めて大きな安心となるでしょう。
そこでこのたび、ニュージーランドへの留学・ロングスティ・一時訪問・永住その他に関する日本での問い合わせ窓口を開設致しました。二〇年来の私のNZでの人脈を活かし、現地での信頼の置ける専門スタッフをご紹介致します。ご興味のある方は、ぜひお問い合わせ下さい。

TEL：〇三（三二九一）六一〇六　担当：加納

『浅井隆と行くニュージーランド視察ツアー』

南半球の小国でありながら独自の国家戦略を掲げる国、ニュージーランド。浅井隆が二〇年前から注目してきたこの国が今、「世界でもっとも安全な国」として世界中から脚光を浴びています。核や自然災害の驚異、資本主義の崩壊に備え、世界中の大富豪がニュージーランドに広大な土地を購入し、サバイバル施設を建設しています。さらに、財産の保全先（相続税、贈与税、キャピタルゲイン課税がありません）、移住先としてもこれ以上の国はないかもしれません。

そのニュージーランドを浅井隆と共に訪問する、「浅井隆と行くニュージーランド視察ツアー」を二〇一八年一一月に開催致します（その後も毎年一一月の開催を予定しております）。現地では浅井の経済最新情報レクチャーもございます。内容の充実した素晴らしいツアーです。ぜひ、ご参加下さい。

ＴＥＬ：〇三（三二九一）六一〇六　担当：大津

近未来の通貨を提案「ビットコイン（仮想通貨）クラブ」

動きが激しい分、上昇幅も大きく、特に今年二〇一七年は「仮想通貨元年」と日本で言われたこともあり、今年初めから一〇月中旬まででビットコインの価格は約六倍にもなっています。また、ビットコインに次ぐ第二番目の時価総額を誇る「イーサリアム」は、今年初めから九月末まででなんと三〇倍以上にもなっています。このような破壊的な収益力を誇る仮想通貨を利用するための正しい最新情報を「ビットコイン（仮想通貨）クラブ」では発信します。

二〇一七年一一月スタートの「ビットコイン（仮想通貨）クラブ」では大き

く五つの情報提供サービスを予定しています。一つ目は仮想通貨の王道「ビットコイン」の買い方、売り方（ＰＣやスマホの使い方）の情報。二つ目は仮想通貨の仕様や取り巻く環境の変更についての情報（分岐や規制、税制など）。三つ目は詐欺の仮想通貨の情報、四つ目は仮想通貨取引所の活用時の注意点についての情報。最後五つ目は仮想通貨のその他付属情報や最新情報です。

「ビットコイン（仮想通貨）クラブ」では、仮想通貨の上昇、下落についての投資タイミングの助言は行ないません。しかし、これまで仮想通貨は拡大を続けると同時にその価値を高めていますので、二、三年の中、長期でお考えいただくと非常に面白い案件と言えるでしょう。「良くわからずに怖い」と言う方もＰＣやスマホの使い方から指導の上、数百円からなどという少額から始めることができますので、まずは試してみてはいかがでしょうか。

大阪・二〇一八年一月二六日（金）、名古屋・一月二七日（土）、東京・一月三一日（水）にクラブセミナーを予定しております。

詳しいお問い合わせ先は「ビットコイン（仮想通貨）クラブ」

TEL：〇三（三三九二）六一〇六
FAX：〇三（三三九二）六九〇〇

「ダイヤモンド投資情報センター」

現物資産を持つことで資産保全を考える場合、小さくて軽いダイヤモンドは持ち運びも簡単で、大変有効な手段と言えます。近代画壇の巨匠・藤田嗣治は第二次世界大戦後、混乱する世界を渡り歩く際、資産として持っていたダイヤを絵の具のチューブに隠して持ち出し、渡航後の糧にしたといいます。金だけの資産防衛では不安という方は、ダイヤを検討するのも一手でしょう。

しかし、ダイヤの場合、金とは違って公的な市場が存在せず、専門の鑑定士がダイヤの品質をそれぞれ一点ずつ評価して値段が決まるため、売り買いは金に比べるとかなり難しいという事情があります。そのため、信頼できる専門家や取扱店と巡り合えるかが、ダイヤモンドでの資産保全の成否の分かれ目です。

そこで、信頼できるルートを確保し業者間価格の数割引という価格での購入が可能で、ＧＩＡ（米国宝石学会）の鑑定書付きという海外に持ち運んでも適正価格での売却が可能な条件を備えたダイヤモンドの売買ができるクラブを開設いたします。

また、来たる二〇一八年三月一七日に資産としてのダイヤモンドを効果的に売買する手法をお伝えするレクチャーを開催いたします。

ご関心がある方は「ダイヤモンド投資情報センター」にお問い合わせ下さい。

ＴＥＬ：〇三（三二九一）六一〇六
ＦＡＸ：〇三（三二九一）六九〇〇

＊以上、すべてのお問い合わせ、お申し込み先・㈱第二海援隊

ＴＥＬ：〇三（三二九一）六一〇六
ＦＡＸ：〇三（三二九一）六九〇〇
Ｅメール　info@dainikaientai.co.jp
ホームページ　http://www.dainikaientai.co.jp

〈参考文献〉

【新聞・通信社】

『日本経済新聞』『朝日新聞』『毎日新聞』『時事通信』

『ブルームバーグ』『ロイター』

【書籍】

『武士の家計簿』（磯田道史・新潮社）

『お金から見た幕末維新』（渡辺房男・祥伝社）

『日本年号史大辞典』（所功編著・雄山閣）

『歴代天皇年号事典』（米田雄介編・吉川弘文館）

『大東亜戦争は日本が勝った』（ヘンリー・S・ストークス・ハート出版）

『神国日本――解明への一試論』（ラフカディオ・ハーン・平凡社）

『坊っちゃん』『こころ』（夏目漱石）

『昭和金融恐慌史』（高橋亀吉・森垣淑・講談社）

『ニュートンと贋金づくり』（トマス・レヴェンソン・白揚社）

【論文】

『藩札の果たした役割と問題点』（檜垣紀雄・日本銀行金融研究所）

『金札流通状況の探索書について』（岡田俊平・成城大学経済研究所）

『両大戦期の日本における恐慌と政策対応――金融システム問題と世界恐慌への対応を中心に』（鎮目雅人・日銀レビュー）

【拙著】

『日中開戦！〈上〉』（第二海援隊）

『全世界バブルが崩壊する日！〈上〉』（第二海援隊）

『世界恐慌前夜』（第二海援隊）

『2010年の衝撃』（第二海援隊）

『大恐慌サバイバル読本〈上〉』（第二海援隊）

『世界恐慌か国家破産か〈サバイバル編〉』（第二海援隊）

『あと２年』（第二海援隊）

『2018年10月までに株と不動産をすべて売りなさい！』（第二海援隊刊）

【その他】
『週刊現代』『週刊ダイヤモンド』

【ホームページ】
フリー百科事典『ウィキペディア』
『ウォールストリート・ジャーナル電子版』『ZUU online』
『JCAST ニュース』『ダイヤモンド・オンライン』『バロンズ』
『東洋経済オンライン』『カメカメコイン情報サイト』
『カイゼン視点から見る第一次世界大戦』『ミドルエッジ』
『世界のリアルガイド』『世界史の窓』『ペペラと一緒』

〈著者略歴〉
浅井　隆　（あさい　たかし）
経済ジャーナリスト。1954年東京都生まれ。学生時代から経済・社会問題に強い関心を持ち、早稲田大学政治経済学部在学中に環境問題研究会などを主宰。一方で学習塾の経営を手がけ学生ビジネスとして成功を収めるが、思うところあり、一転、海外放浪の旅に出る。帰国後、同校を中退し毎日新聞社に入社。写真記者として世界を股に掛ける過酷な勤務をこなす傍ら、経済の猛勉強に励みつつ独自の取材、執筆活動を展開する。現代日本の問題点、矛盾点に鋭いメスを入れる斬新な切り口は多数の月刊誌などで高い評価を受け、特に1990年東京株式市場暴落のナゾに迫る取材では一大センセーションを巻き起こす。その後、バブル崩壊後の超円高や平成不況の長期化、金融機関の破綻など数々の経済予測を的中させてベストセラーを多発し、1994年に独立。1996年、従来にないまったく新しい形態の21世紀型情報商社「第二海援隊」を設立し、以後約20年、その経営に携わる一方、精力的に執筆・講演活動を続ける。2005年7月、日本を改革・再生するための日本初の会社である「再生日本21」を立ち上げた。主な著書：『大不況サバイバル読本』『日本発、世界大恐慌！』（徳間書店）『95年の衝撃』（総合法令出版）『勝ち組の経済学』（小学館文庫）『次にくる波』（PHP研究所）『Human Destiny』（『9・11と金融危機はなぜ起きたか!?〈上〉〈下〉』英訳）『あと２年で国債暴落、１ドル＝250円に!!』『いよいよ政府があなたの財産を奪いにやってくる!?』『2017年の衝撃〈上〉〈下〉』『すさまじい時代〈上〉〈下〉』『世界恐慌前夜』『あなたの老後、もうありません！』『日銀が破綻する日』『ドルの最後の買い場だ！』『預金封鎖、財産税、そして10倍のインフレ!!〈上〉〈下〉』『トランプバブルの正しい儲け方、うまい逃げ方』『世界沈没——地球最後の日』『ジム・ロジャーズ緊急警告！　2020年までに世界大恐慌　その後、通貨は全て紙キレに〈上〉〈下〉』『2018年10月までに株と不動産を全て売りなさい！』『世界中の大富豪はなぜＮＺに殺到するのか!?〈上〉〈下〉』『円が紙キレになる前に金を買え！』（第二海援隊）など多数。

元号が変わると恐慌と戦争がやってくる!?

2017年11月9日　初刷発行

著　者　浅井　隆
発行者　浅井　隆
発行所　株式会社　第二海援隊
〒101-0062
東京都千代田区神田駿河台２-５-１　住友不動産御茶ノ水ファーストビル８Ｆ
電話番号　03-3291-1821　　ＦＡＸ番号　03-3291-1820

印刷・製本／株式会社シナノ

© Takashi Asai　2017　ISBN978-4-86335-183-7

Printed in Japan

乱丁・落丁本はお取り替えいたします。

第二海援隊発足にあたって

日本は今、重大な転換期にさしかかっています。にもかかわらず、私たちはこの極東の島国の上で独りよがりのパラダイムにどっぷり浸かって、まだ太平の世を謳歌しています。

しかし、世界はもう動き始めています。その意味で、現在の日本はあまりにも「幕末」に似ているのです。ただ、今の日本人には幕末の日本人と比べて、決定的に欠けているものがあります。それこそ、志と理念です。現在の日本は世界一の債権大国（＝金持ち国家）に登り詰めはしましたが、人間の志と資質という点では、貧弱な国家になりはててしまいました。それこそが、最大の危機といえるかもしれません。

そこで私は「二十一世紀の海援隊」の必要性を是非提唱したいのです。今日本に必要なのは、技術でも資本でもありません。志をもって大変革を遂げることのできる人物と、それを支える情報です。まさに、情報こそ〝力〟なのです。そこで私は本物の情報を発信するための「総合情報商社」および「出版社」こそ、今の日本にもっとも必要と気付き、自らそれを興そうと決心したのです。

しかし、私一人の力では微力です。是非皆様の力をお貸しいただき、二十一世紀の日本のために少しでも前進できますようご支援、ご協力をお願い申し上げる次第です。

浅井　隆